DE LA MORALE

DANS LA

PHILOSOPHIE POSITIVE

ET DE

L'AUTONOMIE DE L'HOMME,

Par le Dr. Eug. BOURDET.

PARIS,
GERMER-BAILLIÈRE, LIBRAIRE-ÉDITEUR,
17, RUE DE L'ÉCOLE DE MÉDECINE.
—
1866.

DE LA MORALE

DANS LA

PHILOSOPHIE POSITIVE

ET DE

L'AUTONOMIE DE L'HOMME,

Par le D^r. Eug. BOURDET.

PARIS,
GERMER-BAILLIÈRE, LIBRAIRE-ÉDITEUR,
17, RUE DE L'ÉCOLE DE MÉDECINE.
—
1866.

A MONSIEUR E. LITTRÉ (DE L'INSTITUT).

Monsieur,

Vous avez consacré à la science votre honorable existence, et la science, en retour, a procuré à votre esprit des certitudes précieuses, à votre cœur des satisfactions réelles, et à votre nom une illustration légitime.

Vous avez aussi mérité ce rare reproche d'avoir pris, à l'égard d'une doctrine par vous seul bien soutenue, la position d'un disciple, quand l'opinion publique vous proclamait un maître plein d'autorité.

Souffrez donc que je vous offre ce livre où j'ai cherché à rattacher aux données fournies par la méthode philosophique que vous pratiquez, l'histoire et la valeur de la morale humaine.

Grandes sont les difficultés d'une telle entreprise, dans laquelle, les résultats positifs de l'observation faisant souvent défaut, il est nécessaire de substituer provisoirement une théorie et une hypothèse à la réalité sensible des faits, et d'adopter la démonstration inductive plus fragile que la déduction expérimentale.

Toutefois, puisque vous pensez que l'œuvre générale d'A. Comte comprend dans ses nécessités logiques et rattache à ses principes les notions morales et politiques, vous accueillerez bienveillamment, malgré son insuffisance, l'essai que j'ai l'honneur de vous soumettre.

Je suis avec respect, considération et sympathie, votre bien dévoué confrère.

Le D^r. Eug. BOURDET.

PRÉFACE.

L'autonomie morale de l'homme s'appuie sur sa constitution cérébrale dont la notion relativement moderne nous est fournie par la biologie, science désormais positive.

Toutes les philosophies, c'est-à-dire toutes les généralisations systématiques des connaissances humaines reconnaissent une méthode et des procédés distincts. Ceux-ci et celle-là servent ensuite de moyen de vérification pour les diverses parties constitutives de l'œuvre d'ensemble.

La philosophie positive fut ainsi désignée par son auteur, parce qu'elle représente la collectivité positive de toutes les sciences qui y sont renfermées.

Mais chacune de ces sciences, pour obtenir son entrée dans la doctrine, avait dû préalablement fournir la preuve de sa conformité avec le type général qui relie leur diversité.

C'est avec la garantie de cette conformité que la philosophie d'Aug. Comte s'est constituée doctrinalement par la méthode qui la caractérise. Cette philosophie comprend, comme on le sait, toutes les notions physiques, historiques, biologiques et sociales qui sont le patrimoine actuel de l'humanité.

La méthode qui a permis de constituer l'œuvre, est, par excellence, la méthode objective et expérimentale, celle qui relève de l'observation personnelle et qui a pour antagoniste l'ensemble de toutes les théories à *priori*, de toutes les conceptions arbitraires ou imaginatives.

La pierre de touche qu'impose le positivisme aux faits particuliers ou aux notions intellectuelles qui veulent entrer dans son domaine, c'est donc de reconnaître la prépondérante autorité de l'expérience et de la logique inductive, d'entrer dans la hiérarchie des lois dont la superposition résume toute la science et toute la philosophie, enfin de contenir, en eux-mêmes, la raison de la place qu'ils prétendent occuper.

Les philosophies générales reproduisant toutes nos acquisitions se rapportent à trois chefs : 1° les doctrines théocratiques ; 2° les doctrines métaphysiques ; 3° la doctrine positive. Dans les premières, l'effort mental de l'homme est faible et incomplet, les phénomènes mal connus n'ont pas entre eux de liaison déterminée, de rapport objectif ou expérimental, et non seulement il n'y a pas de science générale, mais les sciences spéciales ne peuvent se distinguer les unes des autres, ni se constituer selon les complications progressives qui en représentent l'évolution. On y substitue subjectivement l'hypothèse ou la causalité surnaturelle à la réalité des dépendances scientifiques que les phénomènes ont entre eux. Dans les doctrines métaphysiques, les relations des faits sont expliquées par une légion de forces ontologiques, créations subjectives, toujours arbitraires, et d'ailleurs provisoires, qui se réduisent, peu à peu, comme nombre, mais qui persistent en tant que conceptions idéales, avec la prétention de suffire à la synthèse philosophique.

Dans la doctrine positive, il y a subordination hiérarchique des phénomènes ; ceux-ci se superposent régulièrement et s'unissent entre eux par des lois progressives, depuis les nombres jusqu'aux faits biologiques, depuis la physique jusqu'à la morale ; mais en même temps, il y a élimination absolue et systématique de toute conception subjective hypothétique et imaginative.

Tous ceux qui connaissent l'œuvre d'Aug. Comte acceptent comme admirable la construction philosophique qu'il a faite au profit des sciences dites exactes.

Ils trouvent très-logique cette notion des séries positives avec les généralités décroissantes, et les complexités croissantes qui font qu'on s'élève de la mathématique à l'astronomie, de l'astronomie à la physique, de la physique à la chimie, de la chimie à la biologie et à la morale, en rencontrant sur l'échelle parcourue les mêmes lois d'abord, puis d'autres lois correspondant à des phénomènes plus compliqués.

Personne avant A. Comte n'avait circonscrit dans ses limites chaque science avec ses caractères positifs, et l'ensemble de ces sciences avec les conditions de la collectivité positive.

Les phénomènes mathématiques ou astronomiques, par exemple, contiennent des lois assez exclusives et assez importantes pour qu'il y ait lieu de les grouper en deux sciences spéciales primitivement inaugurées dans l'humanité en raison de leur simplicité relative. Dans la physique et dans la chimie, on voit surgir de nouvelles lois, dérivées des conditions et modalités nouvelles sous lesquelles les faits nous apparaissent, comme celles de la pesanteur, de la chaleur, de la lumière et de l'électricité. L'importance de cette création hiérarchique qui permet de gravir d'un pied assuré chaque échelon de la science, bien fixé en-dessous, pour celui qui veut porter ses regards plus haut, est incontestable et a été unanimement comprise et acceptée.

VIII.

Mais on prétend borner à ces services l'office de la philosophie positive, et quand, avec l'histoire scientifique, intellectuelle, morale et esthétique de l'humanité, constituant le point d'appui expérimental de sa conception, cette philosophie espère embrasser l'encyclopédie des intérêts humains, on l'arrête et on lui dit : « Tu n'iras pas plus loin ! » Or, sous peine de vie ou de mort, la philosophie positive doit marcher en avant, car elle n'est rien si elle n'est tout. Les doctrines théologiques qui ont trouvé très-facilement un dieu tout fait pour expliquer le monde physique et moral, se sont emparé depuis des siècles du gouvernement spirituel et temporel des sociétés, parce qu'elles ont arbitrairement pourvu à tout, par des lois non découvertes mais révélées, non expérimentales mais subjectives, non démontrées mais imposées. Toutefois, l'autorité échappe aujourd'hui aux divers sacerdoces théocratiques qui pendant que le grand spectacle de l'histoire humaine se déployait sous nos yeux, sont restés immobiles, en face de leurs nébuleuses inspirations de la première heure.

Il n'y a plus de place, maintenant, pour leurs faveurs ou pour leurs menaces, et déjà l'auxiliaire métaphysique qui s'était placé entre eux et la science en vue d'une impossible reconciliation, est traité par eux en adversaire et dénoncé comme un ennemi.

Les métaphysiciens n'ont point trouvé un Dieu extérieur tout terminé; mais ils en ont fait un très-complet, avec l'entité *raison*; et leur Dieu a de telles ressemblances avec celui du Calvaire ou du Sinaï, qu'on pourrait s'étonner de l'hostilité qui règne entre des gens si bien d'accord, quand on ne songe pas que la métaphysique est un acheminement libéral vers les notions scientifiques et positives, tandis que les théologiens ne veulent marcher à aucune condition : *Non possumus*, disent-ils.

Voilà ce qui explique pourquoi les plus acerbes protestations cléricales s'adressent, non pas, comme on pourrait le croire, aux savants qui s'occupent de rattacher l'éthique humaine à l'histoire et à la biologie, mais aux métaphysiciens qui se permettent de trouver, avec leur seule conscience, un Dieu impersonnel et différent d'origine, sinon d'attributs ; lequel, par suite, ne saurait avoir, ici bas, les délégués infaillibles que l'on connaît.

Pendant que la théocratie et la métaphysique sont ainsi aux prises, il est temps pour la science d'intervenir. Les croyances, les théories théologiques, destinées, dans l'évolution de nos facultés, à remplacer provisoirement les notions encore impossibles à acquérir sur les causes phénoménales secondes ou relatives ; ces croyances, ou naïves ou superstitieuses disparaissent, et les hypothèses métaphysiques qui ont voulu prendre leur place, méritent, avant de prendre congé de l'humanité, la reconnaissance des amis sincères de la liberté et de la dignité de notre espèce.

Sans les efforts des grands penseurs du XVIIme siècle, sans Descartes, sans Lebnitz, sans Spinoza, notre Société Européenne actuelle n'en serait encore qu'au niveau des populations de l'Extrême Orient ; toutefois, la conscience métaphysique de tous les néo-platoniciens n'est pas la science, on ne reconstruit pas avec les impératifs de la raison pure les lois de la phénoménalité extérieure ; on peut inventer mais non vérifier, proposer mais non convaincre, parce qu'on reste dans l'idéal, dans l'imaginatif et le subjectif, au lieu d'absorber le monde matériel et scientifique, et de se mesurer courageusement avec la nature qui nous environne et se prête à l'observation directe.

x.

Faire dépendre les notions de la morale de la connaissance biologique de l'homme, nous parait donc légitime, bien que prématuré au point de vue de la valeur de nos efforts privés.

Élever l'Ethique sur la Physiologie est aussi rationnel que d'élever la chimie sur les derniers principes épuisés de la physique. Les actes de la vie organique et l'évolution de nos instincts touchent d'aussi près à l'estomac et au cerveau, que les phénomènes physiques les plus délicats se rapprochent des faits de chimie, lorsqu'il s'agit de les réduire en lois positives.

L'histoire est un océan où nous pouvons puiser toutes les preuves de l'exactitude des lois physiologiques qui président à l'évolution particulière et collective de l'humanité; passions, vertus, malheurs, progrès et décadences, tout atteste la dépendance de l'homme vis-à-vis de sa constitution biologique.

Si l'essai que nous donnons provoque dans le même sens d'autres travaux plus autorisés et plus complets, nous serons suffisamment récompensé. La question que nous agitons n'est pas d'ailleurs de celles qui obtiennent promptement ou aisément une solution définitive.

Mais la patience ne saurait manquer aux disciples de la doctrine positive : Aug. Comte, écrivait en 1854 à Miss Martineau, qui venait de publier en Angleterre un exposé explicite de sa philosophie, cette phrase curieuse par sa fière sincérité : « Je suis très-convaincu depuis longtemps
» que le positivisme doit tout au plus convertir jusqu'à la
» fin du XIXme siècle, *un millième* seulement des chefs
» de famille, ce qui d'ailleurs me semble suffire pour diri-
» ger l'Occident vers la régénération finale, d'après l'as-
» cendant qu'obtiendront ces élus dans un milieu sans

» convictions quelconques, et pourtant pressé de se dégager
» d'une désastreuse fluctuation.»

Si le positivisme jusqu'à ce jour doit autant ou plus aux travaux anglais ou allemands qu'aux nôtres en France, la notoriété philosophique qui leur est due, ce n'est pas une raison pour s'abstenir, en présence de tant de signes des temps, qui dénoncent l'anarchie intellectuelle et morale des esprits! Pour appuyer la nouvelle édition des œuvres d'Aug. Comte, nous avons aussi l'ouvrage succinct et comme classique de notre ami M. de Blignières : il nous avait semblé seulement désirable qu'une division plus grande des matières en rendit l'assimilation plus facile ; mais il n'en reste pas moins le résumé complet, le plus recommandable, que nous possédions en français sur la philosophie positive.

Le public ne saurait rester plus longtemps dans l'indifférence vis-à-vis d'une telle doctrine ; des esprits qui se croient indépendants et libéraux, refusent de s'en occuper, sous le prétexte qu'elle impose de renoncer préalablement à notre noble prérogative de discussion sur la spiritualité de notre nature, et sur les conceptions idéales que suscite le sentiment d'une immortalité quelconque, ils ont tort.

Le positivisme n'est pas si exigeant : on lui appartient plus par la méthode que par le dogme ; il suffit pour s'y trouver soumis d'avouer la prépondérance des procédés scientifiques dans l'étude de toutes les questions, et de ne considérer comme légitimement émanées de sa philosophie, que les conclusions exactes dues à l'observation, à l'expérience et à l'induction logique, sans mélange de concepts subjectifs ou imaginatifs. Alors, en effet, le positivisme se composera des notions soumises à l'ensemble des lois de la matière cosmique et vivante, et ces lois s'étendent à l'histoire comme à la morale, à l'économie sociale comme aux productions esthetiques.

Une récente étude sur la physiologie du cœur, de M. le professeur Claude Bernard, se termine par ces mots : « La Science ne contredit pas les observations et les données de l'art, et je ne saurais admettre l'opinion de ceux qui croient que le positivisme scientifique doit tuer l'inspiration : suivant moi, c'est le contraire qui arrivera nécessairement. L'artiste trouvera dans la Science des bases plus stables, et le savant puisera dans l'art une intuition plus assurée. Il peut, sans doute, exister des époques de crise dans lesquelles la Science, à la fois trop avancée et encore trop imparfaite, inquiète et trouble l'artiste plus qu'elle ne l'aide, c'est ce qui peut arriver aujourd'hui pour la physiologie à l'égard des poëtes et des philosophes : mais ce n'est là qu'un état transitoire ; et quand la physiologie sera assez avancée, le poëte, le philosophe et le physiologiste s'entendront tous. » Il s'agissait pour l'éminent professeur du collége de France, de faire connaître les actions nerveuses reflexes du cœur, c'est-à-dire le fait des impressions qui, transmises du cerveau au cœur par les nerfs pneumo-gastriques, font réagir le cœur de la manière la plus convenable pour provoquer en retour dans le cerveau un sentiment ou une émotion affective. Cette étude fait comprendre en effet, la réalité physiologique de certaines définitions qu'on croyait n'emprunter qu'au langage poétique, comme celles-ci : « L'amour faisant palpiter le cœur—deux cœurs battant à l'unisson des mêmes sentiments par l'influence des mêmes impressions — maîtriser son cœur, faire taire ses passions. » On sait que par sa volonté, l'homme peut arriver à dominer beaucoup d'actions reflexes dues à des sensations produites par des causes physiques.

XIII.

La raison parvient aussi à exercer le même empire sur les sentiments moraux, car l'homme peut arriver par elle à empêcher les actions reflexes des pneumo-gastriques : mais plus alors la raison pure tendrait à triompher, plus le sentiment tendrait à s'éteindre. La puissance nerveuse capable d'arrêter les actions reflexes est, en général, moindre chez la femme que chez l'homme, c'est ce qui lui donna la suprématie dans le domaine de la sensibilité physique et morale et lui fait reconnaitre un cœur plus tendre, etc..., sans abuser du langage métaphorique.

(*Revue des deux Mondes,* mars 1865).

De tels aperçus ou mieux de telles démonstrations du moral par la physiologie, ne permettent-elles pas de conclure que l'avenir reserve à la Science une prépondérance absolue sur les dogmes théologiques ou métaphysiques incapables de rien vérifier expérimentalement, ni aucune vue de l'esprit, ni aucune hypothèse avancée par leurs méthodes à priori ?

CHAPITRE 1er.

DOCTRINE THÉOLOGIQUE SUR LE MORAL HUMAIN.

La théologie, fidèle à sa méthode qui consiste à réaliser partout l'absolu et à remplir de l'idée de Dieu, les fonds obscurs de l'immense inconnu qui nous environne, n'étudie pas en elle-même la constitution de l'homme; elle lui applique seulement les conséquences de la parole révélée; l'homme n'étant, en effet, pour elle, qu'une dépendance du verbe, elle devait tout d'abord lui infliger *la loi*, car toute parole implique une dogmatique, toute théorie suppose une exposition des principes qui la constituent.

On commence donc, en théologie, par la proclamation des commandements, et par l'administration des préceptes qui doivent dominer un organisme inconnu, et c'est par incidence, d'une manière bénévole et subsidiaire que les théologiens s'occupent d'une constitution physique et morale, destinée à supporter le poids de la doctrine révélée.

Ils pouvaient, disent-ils, se contenter de démontrer *à priori* la valeur du dogme dont la préexcellence est visible à l'œil de la conscience, capable de pénétrer les faits

intérieurs de l'âme et de juger les produits de l'être moral, il faut donc leur savoir gré de leur condescendance lorsque nous assimilant « à des enfants malades, ils mettent du
» miel sur le bord de la tasse et donnent à l'homme de
» nos jours la récréation de la méthode expérimentale qui
» l'amuse et qui l'intéresse, se composant pour cela de
» recherches naturelles, de renseignements statistiques et
» biologiques, d'observations et comparaisons empruntées
» aux choses sensibles. (Abbé Bautain, morale, p. 17.)

Croyant alors faire un emploi authentique de la véritable méthode de démonstration, ils se placeront, disent-ils, en face des faits ; mais quels sont ces faits ? Ce sont les conceptions abstraites connues sous le nom de « systèmes de morale » dont l'histoire permet de constater l'évolution dogmatique. Pouvant ensuite éliminer successivement ces systèmes au profit de leur idéal, ils les mettent isolément en scène, ils démontrent sans peine l'insuffisance spéciale de chacun d'eux, et arrivant à retenir celui qu'ils se réservaient, ils lui adjugent le facile triomphe d'une prééminence préconçue.

Ils est évident que la distinction historique ou chronologique des six ou sept morales, systématiquement exposées, ne représente pas le produit des procédés rigoureux de l'observation des faits ; c'est une synthèse subjective de leur agglomération, ce n'est pas l'ensemble déductif de leurs réalités individuelles ; et quand il serait vrai qu'on pût ranger sous les régimes spéciaux de la sympathie, de l'intérêt, du stoïcisme ou du platonisme, tous les actes humains qui incombent à la moralité, rien ne prouverait que la pratique y ait jamais exactement répondu.

D'un autre côté, il n'y a non plus aucune valeur dans l'adoption éclectique d'un dogme composé avec ces diverses morales prêtant chacune la fleur de leur panier ; si ces morales étaient différentes en particulier, comment donneraient-elles une unité homogène en se réunissant ? Frappés de ces difficultés, les théologiens, pour fonder leur morale dite démontrée, s'emparent d'un autre absolu provisoire représenté par un consentement universel, et par une conscience univoque du genre humain. Cet absolu idéal comprenant certains attributs qui viennent on ne sait d'où, comme l'exactitude, la clarté, la précision, la force impulsive vers le bien, l'assistance pour tous, la facilité pour chacun, servira de type, et l'on ne craindra pas de le proposer comme la seule reproduction providentiellement identique à l'original du Sinaï.

N'est-ce pas assez de six mille ans, ajoutent les théologiens, pour comprendre et reconnaître la voie à parcourir : l'Histoire donne son consentement, il n'y a pas lieu d'hésiter, il faut imprimer sur cet idéal admiré et aimé des hommes, un sceau d'adhésion qui lui donnera une sanction définitive pour le passé, le présent et l'avenir.

Toute morale codifiée procède d'une théorie et relève d'une métaphysique : à ce titre, la morale des théologiens contient toutes les nécessités théocratiques ; de sorte que, tout en acceptant la validité provisoire et rétrospective de plusieurs morales, on ne doit, en fin de compte, en accepter qu'une seule, celle qui procède de la révélation, c'est-à-dire de la vérité ; conclusion qui annule les recherches précédentes.

La coexistence des diverses morales n'est-elle pas un

contresens et une contradiction à côté de l'unité de la nature humaine ? Il est vrai, reprend la théologie, que la famille humaine est une, que nous n'avons qu'un même père et cependant nous ne nous ressemblons pas ; un seul verbe s'est fait entendre et nous ne sommes pas d'accord; c'est la double faute de nos passions et de nos raisonnements philosophiques. Nos passions nous entraînent et nous moralisent à leur manière, nos philosophies nous permettent à tort d'expliquer Dieu l'homme et le monde, tantôt en psycologues, tantôt en moralistes, selon que nous prenons nos facultés pour en examiner le mécanisme ou pour leur imprimer une direction particulière ; mais alors observateurs maladroits et juges partiaux, nous ne pouvons réussir, l'assurance nous en est donnée par la théologie pour nous dispenser d'efforts inutiles ; car, dit-elle, nous croyons voir le tout dans la partie, nous prenons des ombres pour des réalités : notre entendement, comme une caverne obscure, ne nous livre que des intrigues ; ce n'est pas de l'homme qu'il faut attendre une connaissance complète de l'homme, aucune science incroyante n'y parviendra.

Si les prétentions intellectuelles des théologiens n'allaient pas plus loin, et que pour expliquer le moral humain il fallut, s'arrêtant aussi vite, fléchir le genou devant le livre des révélations, et lire la suite au prochain texte de la loi, il serait inutile de poursuivre l'examen auquel nous nous livrons, mais la théologie trouve que Dieu lui-même a besoin d'avoir raison et elle explique son œuvre d'après les exigences de cette raison nécessaire.

Sur cette donnée, voici ce qu'on trouve : tous les philosophes anciens réagissant diversement les uns sur les autres, sont partis de ce double point de vue, que l'esprit et le corps, la matière et l'âme, l'extérieur et l'intérieur, l'intelligence et l'organe, doivent toujours être distingués dans l'homme :

La doctrine psycologique de l'Évangile croit rétablir l'ordre et la clarté qui font défaut dans l'éthique de ces philosophes, en établissant que l'homme est, indivisément âme et corps, esprit et matière ; Créature spirituelle, intermédiaire entre le monde organique et terrestre, et les sphères de l'intelligence ; sa nature matérialise l'esprit dans le corps et spiritualise la matière dans l'esprit. Quand l'importance de la partie de l'âme est exagérée, le corps souffre ; l'âme qui l'entraine trop près du soleil, lui fait brûler les ailes, Icare tombe et se perd. Quand la prépondérance également illégitime du corps lui fait oublier les droits de son congénère spirituel, le désordre envahit ce fragile organisme, moitié terre, moitié âme.

Selon l'Évangile, toutes les philosophies morales sont fautives, parce qu'elles inclinent toutes erronnément ou vers le côté trop exclusivement spirituel, ou dans un sens matérialiste ; ces expressions quantitatives du trop ou trop peu, sont assez incorrectes à employer quand il s'agit de mesurer l'intervention de l'essence spirituelle, dans la substance matérielle et inversément ; mais c'est le fond même de la question et de la théorie catholique, dernière expression de la doctrine théocratique.

Il est donc établi que les philosophes moralistes antérieurs au christianisme ont touché un double écueil, Épicure aussi bien que Platon, parce que l'homme n'a pas été pour eux l'unité indivise esprit-corps, mais un assemblage non homogène de ces deux choses se pénétrant sans se confondre.

Ces rationalistes ont beau donner à leur raison jusqu'à cinq ou six positions différentes pour s'examiner elle-même et partir delà pour la recherche de la vraie morale, ils n'arrivent pas, dit la théologie, à la découvrir.

Considèrent-ils le monde sensible, ils ne rencontrent que l'utile ou la morale utilitaire, et méconnaissent le bon et le beau ; veulent-ils interpréter les seules dictées de la conscience, ils mettent leur orgueil à oublier la loi et le ciel. Enfin se préoccupent-ils abusivement de l'idéal divin, ils s'exposent à négliger, dans leur quiétisme, les exigences de leur destinée terrestre, qui implique tant d'obligations et d'oscilations entre le mérite et le démérite.

Qui donc fera marcher l'humanité déroutée par la non-science des philosophes ? qui protestera contre le désespoir humain ? s'écrie la théologie ; qui empêchera la raison de s'abîmer dans le panthéisme, espèce de minotaure fait pour la dévorer ? Ce sera, dit-elle, la crainte unie à l'amour.

L'homme n'a pas de force à lui, tout ce qu'il connaît c'est par Dieu dont il recevra tout, à la condition d'être soumis d'avance et respectueusement posé.

Le don grâcieux de comprendre n'étant pas donné aux gens circonspects qui s'avisent de douter, ces prudents philosophes verront pour leur confusion marcher bien en avant d'eux les faibles et les petits, devenus les premiers parce qu'ils étaient les derniers.

La révélation est comme la récompense de ceux qui n'ont

pas douté, elle termine, d'ailleurs, la route ennuyeuse à travers la science, mais ceux qui, par précaution, ne vont pas de suite jusqu'au sanctuaire, sont par expiation dans le purgatoire du scepticisme, ils ne reçoivent l'illumination qu'au bout du voyage.

La rédemption de l'espèce humaine, sa réhabilitation et son apothéose par l'incarnation du Christ n'eurent lieu, en effet, qu'à cette phase inquiète et malheureuse de l'humanité qui s'abandonna à la raison faible et vaniteuse des philosophes : sans ce coupable orgueil, le rachat devenait inutile ! « *Felix culpa* s'écrie donc St.-Augustin, faute » heureuse qui ramène au Dieu-science, faute avantageuse » qui fait qu'on gagna plus au retour qu'on n'avait perdu » par l'égarement, bénie sois-tu ! » et les Catholiques de soutenir que depuis cette époque de révélation, l'homme concilie avec la science de sa nature l'instinct divin qui l'animait et échange contre une communion consubstantielle avec Dieu, cette vague et insuffisante déférence qui caractérisait ses premiers rapports avec lui.

L'esprit alors agit sur le cœur, et réalisant ce qu'il admirait, s'unit dans un perpétuel commerce spirituel et corporel avec l'auteur de l'âme et du corps.

Il ne faut pas s'inquiéter des apparences ; la première manière de reconnaitre et aimer Dieu : primitive, instinctive, spontanée et constituant ce qu'on a appelé en théologie le préjugé légitime est, dit-on, moins générale et moins répandue de nos jours ; mais, en revanche, les individus étant plus éclairés, l'initiation personnelle est plus intelligente, et l'influence religieuse plus intime et plus autorisée ; voilà ce que dit le catholicisme ; mais nous pensons absolument le contraire, nous pensons que si les esprits sont plus intelligents et plus indépendants, ils sont d'autant moins disposés à accepter la morale catholique qui ne repose que sur la donnée funeste de la crainte la plus énervante et de l'égoïsme le plus raffiné. La religion catholique toute de condamnation, n'apporte aucune lumière sur la physiologie de l'homme ; elle déclare, il est vrai, l'ensemble organique préalablement pervers, non juste, incapable spontanément d'aucun bien ; mais cette assertion *à priori* n'a aucune preuve dans l'analyse oubliée de nos facultés. Ensuite, la religion catholique nous représente le monde extérieur comme négatif et même hostile à nos aspirations, d'après le texte même de la Bible. (Genèse, ch. 6.)

Enfin, ne pouvant relier la science sociale à la biologie qu'elle ignore, la religion catholique déclare tout simplement que la misère, les inégalités, les conflits, les guerres sont choses toutes providentielles et relativement peu importantes à cause des promesses de la foi.

Nous allons donc examiner les conséquences de ces prémisses sur la moralité humaine, et nous espérons montrer combien il est nécessaire de la relever de son abaissement, en éliminant le favoritisme de la grâce, en rassurant la conscience qui tremble et en consolidant la dignité de l'espèce. Non, la liberté n'est pas une révolte mystérieuse contre un maître plus mystérieux encore, la fortune n'est pas un prêt de la providence, la pauvreté n'est pas une punition divine, la justice n'est pas une force extérieure, la loi morale enfin n'est pas une charte octroyée au Sinaï

Nous avons dit que les théologiens de nos jours croyaient

procéder par la voie expérimentale à la recherche de la vérité, en faisant adopter par le genre humain l'idée saisie à son passage par Platon et incarnée ultérieurement en Jésus : Cette idée qui proclame un architecte maître de son œuvre et possesseur du type primitif, et présente dans sa réalisation cosmique, une équation divine et nécessaire, au moyen du christianisme.

De cette façon, la morale ne serait pas imposée au moyen d'un assentiment sollicité ; elle ne serait pas non plus extraite de la comparaison des systèmes particuliers ; elle résulterait du dégagement que l'humanité opère sur l'idéal du grand artiste, par l'effort même qui presse le monde spirituel, et cherche la réalité pratique qui en doit sortir.

L'homme étant, comme Dieu, intelligent, voulant et aimant, reproduit sciemment par ses trois attributs l'être dont il émane ; mais les idées du genre humain, si l'on désigne ainsi ces notions universalisées, réunion abstraite des images observées, ces idées sont comme spontanées : or, dans l'entendement, l'homme ne peut vivre soit spéculativement, soit moralement, en tant qu'individu ou être social, sans appliquer, sans réaliser ou manifester ces idées ; voilà la psycologie fataliste des théologiens.

Toutefois, l'homme borné dans son pouvoir, défaillant dans son intelligence, inconsistant dans sa volonté, ne sait qu'amoindrir, dénaturer et compromettre l'ensemble de ces idées, et c'est seulement par l'union de la conscience, de la révélation et de sa constitution plus ou moins favorable, qu'il trouve un point d'appui à la morale.

Pour les théologiens, la morale est donc une règle des

mœurs par une loi révélée, l'homme-agent qui ne diffère en cela d'aucun autre être du monde organique ou inorganique, subit naturellement une loi ; mais vis-à-vis de celle dont nous parlons et qu'il prévoit, il est cause seconde, il peut la tourner et s'y soustraire, voilà sa grandeur et sa responsabilité, voilà ce qui constitue « une » situation aussi exceptionnelle que délicate, pour sa vo-» lonté qui est bien la maîtresse pièce et le fond de l'hom-» me ; » les sens peuvent crier, la raison peut gémir, l'esprit peut être séduit ; tant que la volonté résiste, il n'y a ni faute, ni crime, ni bien, ni mal, l'acte seul est important, l'acte seul rend responsable, tel est le dogme psycologique quand il néglige la question de la grâce et de ses multiples circonvolutions.

Une loi existe, notre volonté la reconnait avant de subir ou de repousser ses dictées, *lectiones* lectures faites, et de même que l'harmonie du monde sideral doit être troublée si un astre quitte son ellipse, de même il y a dans l'économie de la société ou de l'individu, confusion, désordre, anomalie, dès que la loi est abandonnée, négligée, méconnue. Or, dans la pratique, cela arrive, en effet, si aisément, si fréquemment, que l'idéal de l'ordre et de l'harmonie est comme non avenu : comment se fait-il que l'homme placé au plus près du type parfait, en soit précisément le plus insensé violateur, c'est que (selon le dogme catholique), le développement de l'homme dépend de deux forces : celle de Dieu, celle de l'individu ; la première ne fléchit pas, c'est impossible ; la seconde seule sera donc fautive ; l'homme seul abusera de sa liberté ; delà, ce dualisme, cette antithèse, entre le bien représenté par l'esprit divin infaillible, et le mal représenté par le moi physique, ce moi provoqué par le monde externe, ce moi qui entre, dès l'enfance, en lutte contre l'autorité, parce qu'il s'aime et se cultive trop soigneusement.

Mais Dieu n'a pas voulu se faire d'ennemis, ce n'est pas lui qui nous a offert la bataille ; donc, s'il y a combat, c'est que, par arrogance, nous sommes allés nous choquer contre sa puissance ; on ne peut pas se résigner et se soumettre quand on s'aime trop ! Voilà donc l'égoïsme convaincu d'être le mal ; car le moi s'est substitué à la loi ; et pour que l'ordre soit rétabli, l'égoïsme devra être combattu, la vraie et seule morale, ce sera une lutte contre lui :

L'éthique théologique ne s'arrête pas à cet essai de sa méthode expérimentale, les hypothèses et les données subjectives vont continuer leur train, on sort de l'absolu pour y rentrer promptement et sans vérifier aucune des hypothèses que la dialectique avait permis d'avancer.

L'homme posant son *moi libre* dans la sphère de la loi, chercherait-il l'équilibre de sa volonté avec cette loi ? La loi dit aux hommes vous êtes enfants d'un même père ; mais vous êtes égoïstes, donc supportez-vous, respectez-vous, ne vous soyez pas nuisibles les uns aux autres ; puisque par égoïsme vous aimez qu'on vous fasse du bien, faites aux autres ce que vous voudriez qu'on vous fît. Enfin, disent les délégués du verbe Dieu, si vous réalisez l'idéal contenu dans la loi, comme l'artiste réalise sa conception, alors nous vous déclarerons saints, comme jadis Platon disait : « l'homme vertueux façonne une âme divine. » Qu'est-ce qu'un saint ? C'est un parfait citoyen de la cité morale, comme on en rencontre dans la cité politique, digne de servir de modèle aux autres ; mais les vertus d'un saint surpassent celles d'un héros de Sparte, de Rome ou de Paris, parce que le dévouement à Dieu doit surpasser celui que la patrie, l'amour de la gloire, ou l'amour des hommes peuvent inspirer.

Toutefois, ce n'est pas sans effort, dit-on, que l'homme dégage de sa conscience ces indications à l'aide desquelles il établit son libre-arbitre, il lui faut, selon l'aveu catholique, procéder par une subtile dissection à l'étude des phénomènes qui se passent entre son âme et son corps, pour se convaincre de la spiritualité de sa nature, et quand il a fait, durant bien longtemps, cet examen minutieux et microscopique, il n'arrive encore qu'à une perplexité embarrassante et à une conclusion indécise.

En effet, sur cette hypothèse qui attribue les faits de conscience à un principe distinct de tout organe corporel, comment établir une morale solide et formuler des prescriptions positives ? La théologie ne va pas tarder, d'ailleurs, à abandonner tout-à-fait cette prétendue méthode expérimentale des faits de conscience et du rationalisme des métaphysiciens, pour la plus grande gloire du verbe, unique sanction de la morale.

Quand on voit la raison et l'instinct si souvent en opposition s'imposer réciproquement leur domination, comment accepter pour démonstration du bien, ce qu'approuve une raison asservie, oscillante et fragile qui se tait devant une séduction frivole, se trouble dans un écart de régime et se laisse anéantir par une goutte de sang déplacée ? — Si donc on s'avisait de supprimer pendant un seul jour les délégués de l'autorité révélée, pour laisser régner la seule raison, que nous resterait-il ? — Si les gendarmes licenciés, les codes brûlés, les bourreaux supprimés, on installait pour règle de conduite notre libre jugement ! — la sanction du remords ? — Mais le remords s'émousse ; le sentiment de la dignité humaine ? Mais on s'en défait comme d'un vêtement qui gêne ; il ne reste vraiment que la crainte et l'amour du divin pour sanctioner la morale, c'est-à-dire l'obéissance à la loi.

Une telle conclusion n'a rien d'illogique pour ceux qui se font un mérite d'ignorer l'homme physiologique, et cependant les théologiens ont aussi décrit à leur manière le sujet de la morale, l'homme auquel ils viennent d'imposer une éthique antérieure et supérieure à la notion qu'on peut prendre de son organisme : Nous allons exposer cette biologie théologique.

§ II. — Les deux parties constitutives de l'homme sont l'âme et le corps s'unissant et se compénétrant. — L'âme est ce qui fait penser, entendre, sentir, raisonner, vouloir et choisir telle chose ou tel mouvement : Le corps est cette masse étendue selon les trois dimensions de la logique et il sert aux opérations de l'âme. L'âme est donc la substance intellectuelle destinée à vivre dans un corps L'homme dans son ensemble est une âme se servant d'un corps : C'était la définition de Platon qui doit se réjouir dans l'Elysée, de l'avoir fait accepter par les catholiques de ce temps-ci.

Avant de s'expliquer sur le mode d'union et de compénétration de l'âme et du corps, la science catholique s'occupe des opérations de cette âme, opérations qui équivalent à des facultés dont le nom n'est pas prononcé, lesquelles se rapportent 1° à la sensibilité, 2° à l'intelligence, 3° à la volonté.

1° On doit à la sensibilité les cinq perceptions sensoriales classiques qui se font en notre âme, à la présence des corps et par suite de l'impression de ces corps sur les organes des sens : cette physiologie spéciale due à Bossuet ferait croire qu'il n'y a rien d'intellectuel dans une perception sensoriale s'accompagnant cependant de plaisir ou de peine, selon la quantité d'esprits animaux mis en jeu, dit-on, à cette occasion, et capables de faire naître aussi les passions tout à fait en dehors de l'intelligence.

2° Les opérations intellectuelles ne contiennent donc ni les sens ni ce qui en dépend comme la mémoire, impression sensoriale prolongée, ou comme l'imagination, reliquat des sensations amalgamées, mais avec ces restrictions, les opérations dites intellectuelles des théologiens renferment encore quatre résultats : la conception, le raisonnement, le jugement et l'ordonnance ou volonté.

On peut déjà être surpris de voir la volonté assimilée à une opération de l'entendement, comme si comprendre et vouloir étaient identiques ; mais il y avait là un besoin de la cause, et c'est par cette ressource psycologique qu'on s'est adjugé la morale, ayant ainsi une dépendance logique avec l'entendement devenu synonyme de volonté : nous le verrons plus loin.

En unissant la logique à la morale on les constitue indifféremment sciences ou arts parce que, dit-on, les moyens qu'elles emploient pour arriver à leurs fins supposent des méthodes, des procédés, et de l'activité volontaire.

Ici intervient donc la question de la liberté qui est pour la doctrine théologique la pierre d'achoppement de toutes ses prétentions.

Avant la liberté, elle place la volonté qu'il ne faut pas confondre, dit-elle, avec le désir d'aspiration à l'accomplissement de notre destinée : *la volonté*, c'est « l'action
» par laquelle nous poursuivons le bien et fuyons le mal,
» nous évitons celui-ci et cherchons celui-là, conservant
» seulement pour le détail des choses, ce que nous appe-
» lons notre libre-arbitre, » — cette définition de Bossuet, le plus autorisé des théologiens modernes, n'est qu'une réminiscence des théories de la grâce et de la prédétermination naturelle de St.-Augustin et St.-Thomas ; — Dieu, disent ces célèbres commentateurs du Verbe, a voulu que nous fussions libres, bien qu'il restât cause première ; de sorte que, si aux causes nécessaires il faut des effets nécessaires, aux causes contingentes il ne peut rester que des effets contingents. Notre volonté, comme principe général est mue par Dieu, qui agit sur elle comme sur les choses naturelles, d'une manière conforme à la propre nature de chaque être. « *Et sicut in causis natu-*
» *ralibus, movendo eas non aufert quin actus earum sint*
» *naturales, ità movendo causas voluntarias non aufert*
» *quin actiones earum sint voluntariæ, sed potiùs hoc*
» *in eis facit : operatur enim in unoquoque secundum*
» *ejus operationem* : (Somme de Saint-Thomas, 1re partie, 9, LXXXIII, art. 1.)

Mais rien ne peut faire sortir les théologiens de l'embarras où les met cette question du libre arbitre en Dieu. Cette coexistence de la volonté humaine et de la volonté divine, ne peut se résoudre en une unité logique. Si ces deux volontés marchent parallèlement, le problème sera toujours posé, l'antimonie persistera, il nous restera toujours ce désidératum du *quoique* ou du *parce que* dans le fait de la prépondérance de l'une ou l'autre volonté.

C'est l'aveu que Bossuet en fait au chapitre IV de son traité du libre arbitre. « La raison, dit-il, nous oblige à » croire les deux vérités, quand même nous ne pourrions » trouver le moyen de les accorder ensemble : Le mot raison veut dire ici soumission.

A l'occasion de la psycologie des métaphysiciens-déistes, nous reviendrons forcément sur ce point; mais il fallait faire sentir qu'une telle incertitude sur la valeur de notre libre arbitre, avec Dieu témoin ou maître de nos actes, correspond à l'ignorance des théologiens sur le mode d'union du corps avec l'âme.

Tantôt ils adoptent pour cette union, un médiateur tenant des deux substances, médiateur qu'on rencontre déjà dans la philosophie d'Epicure, avec ses idées-images, dans celle d'Aristote, avec les esprits sensibles des peripateticiens, et plus modernement dans le *médium plastique* de Gudworth, et dans les esprits animaux de Descartes.

Mais à l'encontre de ce dernier, et de ceux qui l'ont suivi, comme Malebranche et Lebnitz, on voit Bossuet et son école prétendre « qu'il a plu à Dieu d'unir tout-à-fait » directement et substantiellement l'âme et le corps, et non » de les conduire séparément par le moyen des esprits ou » par son souffle. »

Nous voyons tout par Dieu et en Dieu disait Malebranche; oui, répondait Bossuet, mais ces vérités éternelles n'existent substantiellement en Dieu que d'une certaine manière qui nous est incompréhensible, et qui n'empêche pas l'âme et le corps d'être confondus pendant la condition présente de l'homme, dans un tout essentiellement indivisible.

Quand la mort vient séparer ces deux parties, l'âme conserve son existence propre ; mais alors, dit Bossuet, c'est encore l'homme achevant dans d'autres conditions, sa destinée commencée en ce monde.... C'est avec cette obscure et romanesque logomachie que les théologiens veulent instituer la biologie et la morale ! Continuons la leçon du précepteur de Mgr le Dauphin sans toutefois infliger aux élèves refractaires les patoches et les coups que Mgr de Meaux fesait donner à ce malheureux enfant par M. de Montausier (Mémoires de M. Dubois, valet de chambre du roi Louis XIV, recueillis par Léon Aubineau, magasin de récréation de Hetzel et Macé, 25 liv. mars 1865.)

§ II. L'âme touchée soit de plaisir, soit de douleur par le fait des impressions *ressenties dans un objet*, fournit onze passions, qui représentent onze manières d'exprimer ses mouvements.

Le plaisir et la douleur accompagnent les seules opérations des sens : le plaisir est le chatouillement qu'on trouve « en goûtant de bons fruits, d'agréables liqueurs » et d'autres alimens exquis ; la douleur est le sentiment » importun des sens offensés : le plaisir est ce qui est » agréable et convenable à la nature, la douleur est ce » qui lui est contraire et fâcheux » (Traité de la connaissance de Dieu et de soi-même, (édit. Dezobry, p. 5.)

Les appétits, les répugnances et aversions passionnelles

sont appelées mouvements de l'âme; non que celle-ci change de place ou se transporte d'un lieu à un autre ; mais parce que le corps s'approche ou s'éloigne des objets, et alors l'âme, avec ses appétits ou aversions, s'unit avec ces objets ou s'en sépare. (Ibidem, p. 13.)

De ces onze passions, les six premières sont excitées par la présence ou *l'absence* de leurs objets dont le corps se rapproche ou s'éloigne : telles sont la haine, l'amour, le désir, l'aversion, la joie et la tristesse. Nous ne rappellerons pas ici les définitions littéraires de ces passions par Bossuet; sur le domaine de l'art, il est à son aise, c'est un maître respecté; mais comme physiologiste il appartient à notre critique, et nous l'abandonnerons volontiers ensuite à la flagellation de l'histoire pour ce qui concerne ses immoralités politiques.

Cinq autres passions, l'audace, la crainte, l'espérance, la colère et le désespoir, ne présupposent pas seulement une présence ou une absence dans leurs objets, mais, en outre, une difficulté à surmonter et par suite un effort et un appel à la colère, ces cinq passions, par conséquent, se rapportent a l'appétit irascible; tandis que les six passions premières appartenaient à l'appétit concupiscible.

La colère « est une passion par laquelle nous nous efforçons de repousser *avec violence* celui qui nous fait mal, ou de nous en venger.» Elle n'a point son contraire antinomique, observe Bossuet qui se souvient de la division dualiste d'Aristote ; à moins qu'on ne veuille, dit-il, mettre parmi les passions, l'inclination de faire du bien à qui nous oblige, laquelle inclination doit être rapportée à la *vertu* parce quelle ne comporte point les émotions et le trouble apportés par les passions.

Ainsi, pour le moraliste de Louis XIV la vertu n'est qu'une affaire d'entendement, il n'y a pas d'inclination par sympathie, par bienveillance, par générosité, etc.: nous verrons cette abstraite notion de la vertu dans toute la doctrine morale de la théologie.

Outre ces onze passions principales, on en distingue cinq secondaires comme la honte, l'envie, l'émulation, l'admiration et l'étonnement. Avant de tirer l'échelle on donne la définition physiologique de ces dernières petites passions : la honte est une tristesse ou une crainte d'être exposé à la haine ou au mépris, pour quelque faute ou quelque défaut naturel, tristesse ou crainte mêlées avec le désir de nous justifier. L'*envie* est une autre tristesse que nous avons du bien d'autrui, plus une crainte qu'en possédant ce bien, autrui ne nous en prive, c'est de plus encore, un désespoir d'acquérir le bien occupé, ce qui nous met sur la pente de la haine pour celui qui semble le retenir.

Médiocrement satisfait sans doute de cette description complexe, le physiologiste de Meaux propose une synthèse des passions sous la bannière du seul amour qui les renferme et les excite toutes : nous haïssons la maladie parce que nous aimons la santé; l'espérance est un amour qui se flatte, la colère est un amour irrité ; ôtez l'amour, il n'y a plus de passions, posez l'amour, vous les faites naître toutes !

Descartes avait déjà dit que l'admiration était la première de toutes nos passions, parce que dans la rencontre de chaque objet différent, il y a occasion, pour nous, d'étonnement ou d'admiration.

Cette manière de voir contrarie Bossuet; pour lui, la surprise n'implique pas nécessairement l'émotion, ni par suite de passion, il ne trouve pas que la surprise se rapproche ou s'identifie avec l'émotion, la crainte, l'admiration, en un mot avec les sentiments et affections et il écrit un livre de physiologie ! — Il convient, toutefois, que nos passions nous empêchent de bien raisonner et nous engagent au vice; voyons comment :

Au-dessus des sens, sa physiologie fait planer les opérations intellectuelles qui ont pour objet l'entendement. Celui-ci reçoit divers noms; en tant qu'il invente et qu'il pénètre, c'est l'esprit; en tant qu'il nous dirige vers le bien et le vrai, c'est la raison ; en tant qu'il nous détourne du mal, c'est la conscience. Une raison qui obéit aux sens ou à l'imagination est une raison qui ne mérite plus son nom, mais on ne sait pas ce qui la remplace.

Bossuet ne veut pas que l'on confonde les sens avec l'entendement. Ceux-ci, sont à tout instant fautifs ; ils nous font voir petits et diminués les derniers arbres d'une longue allée, ils nous font croire poli ce que le microscope déclare rude, ils brisent dans l'eau un bâton rigide, ils nous font croire que le rivage marche devant notre barque immobilisée; donc les sens ne sont pas l'entendement; ce ne sont pas eux qui nous informent de ce qu'il y a dans les objets de capable d'exciter les sensations. L'idée qu'on a de la chaleur ne vient pas d'eux, car ce n'est pas la même chose de sentir qu'on a chaud et de comprendre qu'il y a dans le feu quelque chose qu'on appelle chaud ou brûlant. Si l'oreille apporte des sons, si nous goûtons l'amer et le doux, il faut que l'entendement décide que l'air a été ébranlé, et que la viande contient le principe du doux et de l'amer : le sens n'est jamais ému des vicissitudes de la sensation. Un même objet stimule variablement, à un moment donné, le goût, la vue, l'oreille, alors que l'entendement ne varie pas sur ce qui est une fois démontré et entendu.— L'obstination de Bossuet à séparer l'action sensoriale de l'acte intellectuel est portée à ce point qu'il exalte Aristote pour en avoir *divinement* parlé, c'est son expression.

La volonté peut maintenant apparaître, car les opérations de l'entendement étant terminées, nous devons être en mesure de vouloir et de choisir. Vouloir c'est, pour notre auteur, poursuivre le bien et fuir le mal ; c'est-à-dire qu'on veut toujours ce qu'on entend, et qu'on entend toujours ce que l'on veut. S'il était possible d'admettre l'identité entre les deux choses, volonté et entendement, il y aurait une confusion inextricable sur nos impressions et notions expérimentales, il faudrait oublier cet aphorisme si connu : *Video meliora proboque et deteriora sequor.* L'erreur de Bossuet est la suite de son cartesianisme.

« Je suis une chose qui pense, » dit Descartes, qu'est-ce qu'une chose qui pense ? c'est une chose qui doute, qui entend, conçoit, affirme, nie, veut et ne veut pas, sent et imagine. Bossuet formulant une synthèse qui unifie toutes les formes de l'activité cérébrale, proclame l'assimilation de l'entendement avec la volonté sous le prétexte que la nature nous détermine à vouloir le bien en général, de sorte que nous ne pouvons vouloir et entendre que la même chose, c'est-à-dire ce bien général que la nature exige. Si le franc arbitre se détache pour agir seul et à ses risques, c'est seulement pour *les biens particuliers.* Tous les hommes veulent être heureux, voilà où leur entendement et leur volonté se confondent ; mais chaque homme met son bonheur dans une chose spéciale, là est seulement l'émanation du libre-arbitre pour Bossuet.

De cette liberté de faire ou de ne pas faire, de prendre parti entre les choses que le Dieu de Bossuet a mises en notre pouvoir, il résulte que l'homme fait bien ou mal et mérite le blâme ou la louange, la punition ou la récompense. On ne blâme ni on ne châtie un enfant d'être laid ou boiteux, dit à cette occasion le précepteur de Mgr. le Dauphin, mais on le blâme et on le châtie d'être opiniâtre parce que l'un dépend de sa volonté, et que l'autre n'en dépend pas : cette distinction entre les fatalités organiques et la mesure du libre-arbitre, est, en effet, très-puérile.

La vertu c'est donc l'habitude de bien user de la liberté, comme le vice est l'habitude d'un mauvais usage de cette liberté, de sorte qu'il n'y a pas d'acte accidentellement louable ou répréhensible, ni rien de passager en bien ou en mal, de sorte qu'on est, en masse, réprouvé ou loué parce qu'on reste fidèle ou étranger en totalité au bien ou au mal.

On compte beaucoup, dans la doctrine, sur certaines habitudes de l'esprit, pour la conquête de la vérité. C'est ainsi que la foi est une habitude de croire une chose par l'autorité.— L'opinion est une habitude de croire une chose par des principes vraisemblables ; la science est une

habitude de croire une chose par des principes certains.
(Idem, p. 43.)

Ces divers modes d'acquiescement qui font la foi fille de l'autorité, l'opinion fille du probabilisme, la science fille de la démonstration, sont loin de posséder la même importance hiérarchique.

L'opinion et la science, c'est-à-dire l'argumentation et la démonstration, dérivent des objets mêmes, tandis que la raison accepte la foi subordonnée à l'autorité de celui qui parle. C'est pourquoi l'opinion et la science supposent de la clarté, tandis que la foi suppose toujours quelqu'obscurité dans la chose ; (p. 459, Logique de Bossuet, éd. Dézobry) et alors même qu'elle donne une parfaite certitude, elle ne procure pas un plein repos « parce que l'esprit désire toujours de connaître le fond » des choses par lui-même. »

Quant à l'opinion, elle n'apporte non plus jamais un complet discernement, et sa lumière est moins parfaite que celle qui luit dans la science.

La foi, l'opinion et la science peuvent-elles simultanément *compâtir* dans le même entendement ? c'est disputer là avec plus de subtilité que d'avantage — la seule chose bonne à savoir et qui ne souffre pas de contestation, c'est que l'esprit peut examiner ce que vaut chaque preuve soit autoritaire, soit probable, soit démonstrative.

C'est ici une concession très bonne à consigner mais dont la sincérité n'est pas sans appel quand il s'agit de ces théologiens qui avec St. Augustin, St. Anselme et St. Thomas, ont combattu si opiniâtrement pour prouver l'accord de la science avec la foi. Pascal, d'autre part, déclarait cet accord impossible, et soutenait que le triomphe de la foi résultait, précisément, de ses contradictions avec la science et la raison : *credo quia absurdum.*

Revenons à l'union indivise du corps et de l'âme, et à la théorie des passions selon la physiologie théologique. Outre la perturbation causée par les maladies, par exemple, si le sang altéré ne fournit plus aux esprits une matière louable, et si la chaleur naturelle étouffée ou dissipée par l'épaisseur du sang, entrave la marche de ces esprits ; il y a aussi des accidents causés par les passions et qui ressemblent à des maladies.

Certains objets impressionnent violemment le cerveau ; celui-ci envoie dans le cœur et dans le sang, des esprits ralentis ou agités qui se répandent avec abondance comme dans l'audace et la colère, ou se retiennent et marchent comme dans la tristesse.

S'agit-il de poursuivre un bien ou de fuir un mal prochain, les esprits accourent avec abondance aux cuisses et aux jambes (Traité cité p. 76) « pour vous rendre » plus vif ou plus léger : plus vif si vous êtes Apollon, » plus léger si vous êtes Daphné ; *hic spe celer, illa* » *timore* » dit galamment Mgr de Meaux.

Les passions ne sont donc autre chose qu'une agitation *des esprits* pour fuir ou rechercher les objets ; mais la nature les a instituées pour réagir les unes sur les autres de manière que la colère de l'un, prépare la défense de l'autre, la tristesse de celui-ci provoque les larmes de celui-là si bien que chaque passion à sa marque et sa peinture sur les visages... etc.

En résumé, l'âme se sert des organes plus ou moins

discrètement ; mais c'est elle seule qui voit, entend, goûte, sent, imagine, espère, craint, aime, déteste, raisonne, doute, affirme, veut et ne veut pas ; tout cela, dit-on, par elle seule, malgré cette union indivise dont l'Ecole théologique avait fait tant de bruit, et qui fesait supposer à chaque associé, (esprit et matière) une part spéciale dans les manifestations de la vie.

Il est vrai qu'en raison, dit-on, de leurs différences, les deux substances, spirituelle et corporelle, n'auraient jamais rien fait l'une pour l'autre, sans une expresse volonté de leur créateur, et rien ne se fait sans le miracle perpétuel, général et subsistant qui les joint par une mutuelle dépendance.

Une telle union a lieu dans les conditions que rappelle le Phédon de Platon. Nous y sommes assimilés à un char que le cocher entraine avec deux coursiers, l'un blanc, l'autre noir. Le cocher, c'est la raison, c'est l'esprit, c'est le *noos* ; le cheval blanc vif, mais soumis, c'est la volonté, mais la volonté noble, celle qui est constituée par les bonnes passions le *thumos* des Grecs : Il faut voir dans le cheval noir, indocile et emporté, cette partie grossière, inférieure et toute sensuelle, que Platon appelait pour ces motifs *epithumeticon*. Ce sont pourtant ces comparaisons ridicules qui ont défrayé la métaphisique depuis deux mille cinq cents ans, et ceux-là même qui étaient dispensés par la révélation de tout effort mental, n'ont pu s'en affranchir et y soustraire leur bon sens

La théologie professe qu'il se passe quelque chose dans le cerveau, quand l'âme avertie reçoit de son créateur telle ou telle idée, mais cela est indéfinissable ; « on ne

» saurait le comprendre qu'en se rappelant que les esprits
» affluent alors vers les petits filets nerveux, pour les tenir
» dans un perpétuel mouvement, ce mouvement résultant
» des coups que les nerfs reçoivent des objets, retentit
» quelque temps dans le cerveau pour y produire l'imagi-
» nation image de la sensation (p. 106). — (Ibidem, Traité de la Connaissance.)

» Comme la sensation est conjointe de l'ébranlement des
» nerfs, si l'imagination dure plus que la sensation, cela
» tient, sans doute, à la puissance obedentielle de l'âme ;
» et quand les esprits comme des flots agités se précipi-
» tent avec abondance vers un endroit spécial de la cer-
» velle, au risque d'en laisser les autres parties sans
» mouvement, il y a lieu, alors, au conflit des passions, et
» le corps prend part à la lutte comme l'âme ; » celle-ci répond aux sollicitations des sensations, tandis que l'autre, avant l'intervention de l'âme, la partie corporelle est purement patiente ou passive dans les sensations, les imaginations et les passions. — Le corps est comme un arc bandé (idem, page 108) qui est fort disposé à décocher le trait : la détente c'est l'ordre de l'âme. Elle peut être en proie à mille désirs, les passages sont ouverts, les esprits coulent à travers les nerfs et les muscles ; dans cet état les pensées de cette âme n'ont pas autant d'importance que les mouvements du cerveau ; « et une chose
» indubitable, c'est que, dans le premier coup porté par
» les passions au corps et à l'âme, le corps est *disposé* à
» certains mouvements auxquels l'âme est puissamment
» portée à consentir ; de là ses efforts pour résister par la
» vertu. »

Cette séparation métaphysique des fonctions sensoriales et des opérations de l'intelligence étant admise, il arrive que l'âme est tantôt maîtresse et tantôt subordonnée; elle est manifestement maîtresse quand il s'agit des fonctions de l'intelligence; elle commande alors si promptement au corps que celui-ci obéit *sans y songer*, dit Bossuet. La trachée-artère se ferme si on avale, la prunelle se dilate si on regarde au loin, la respiration se continue quand on dort, et nous n'avons, en effet, aucune connaissance de ces diverses volontés parties du cerveau. Tel est encore le grand pouvoir de l'âme sur le corps, qu'elle peut délier des organes empêchés « comme on dit du fils de Crésus » s'écriant, quoique muet, qu'on se gardât bien de toucher » à la personne du roi. — (Ibidem).

« Toutefois, l'intelligence, en elle-même, n'est attachée à aucun organe ni à aucun mouvement du corps ; lorsque par l'entendement nous acceptons qu'un bâton brisé dans l'eau est en réalité droit, ou lorsque nous nous avouons qu'une étoile est un million de fois plus grande qu'elle ne le semble, les sensations, dans les deux cas, ne changent pas, donc l'intelligence seule fournit la vérité : Ainsi disserte notre physiologiste qui ne comprend pas qu'il n'y a, cependant, aucun mensonge de la part des sens, dans les circonstances dont il parle. — La vue traduit le vrai, justement dans cette variation des apparences visibles suivant la distance et la position des objets et non suivant les dispositions organiques ; l'œil doit voir le même bâton droit dans l'air et courbé dans l'eau ; cela est indispensable, les lois de la réfraction étant antérieures à tout calcul de l'imagination. Il nous serait même impossible d'obtenir par nos sens les notions exactes que nous leur devons s'ils étaient infidèles aux lois naturelles qu'ils doivent reproduire; ils sont donc, au contraire, les interprètes de la vérité, ils rectifient les fonctions intellectuelles dans leur précipitation déductive.

L'intelligence bien loin de se complaire comme le croit notre théologien dans la douce et paisible possession du *vrai* agissant sur elle sans intermédiaire, sans altération, ni diminution, » comme il doit « arriver pour une » substance éternelle comme l'est la vérité. » Notre intelligence n'est rien qu'une continuation et une extension des premières opérations sensitives et affectives.

Un acte d'entendement pur est impossible à représenter si l'on ne se décide pas à mêler à l'idée qu'on veut s'en faire, quelque chose de sensible qui transforme sa notion abstraite en notion concrète. A cela les théologiens répondent 1° que notre esprit admirant, en lui-même, et la nature des choses et l'ordre du monde, s'élève au-dessus des faits donnés par les sens, et conserve vis-à-vis d'eux, la prépondérance d'un juge qui décide sur ce qui lui est soumis, et que, s'il est vrai que le soleil soit incompréhensible sans le secours des sens, il faut pour conclure des apparences à l'existence réelle des corps, passer intermédiairement par l'assistance divine.

Mais, dans la même théorie, la volonté est aussi indépendante que l'intelligence, et sans aucun assujettissement organique, et mieux encore, comme elle commande aux mouvements, elle doit commander au cerveau qui les produit; « ce qu'il y a de merveilleux (p. 121), c'est qu'elle » ne sent, — la volonté, — ni ce cerveau qu'elle meut, ni les

» mouvements qu'elle imprime au corps, nous savons seu-
» lement que la souveraineté a été donné à l'âme, et
» qu'une loi d'obéissance a été imposé au corps. »

Du pouvoir de la volonté sur les mouvements doit résulter l'empire qu'on lui voit sur les passions aussi bien que sur les fonctions de l'estomac, sur le sommeil et sur l'accoutumance aux exercices pénibles, car l'âme se fait un plaisir d'assujetir le corps à ses lois et de le dominer dans ce qu'il a de plus indocile. Elle va même—par caprice sans doute — jusqu'à lui permettre d'achever certains actes « où elle devrait se réserver de lâcher le » dernier coup » comme dans la passion colérique, par exemple « lorsque le bras se trouvant parti, il ne reste » plus à la volonté prévenue qu'à regretter le mal qui » s'est fait sans elle. » (p. 121.).

Mais afin que l'âme soit rarement exposée à de pareils accidents, la Providence lui a donné l'*attention* qui se met soit en avant des passions, pour les prévenir, soit en arrière, pour les calmer — nos pensées naissant quelquefois par l'agitation naturelle et vague du cerveau, et d'autrefois par un mouvement limité en un point, il était nécessaire, dit Bossuet, que l'âme fut plus ou moins attachée ou attentive (p. 125).

Cette application volontaire de notre esprit sur un objet, implique, à la fois, acte de volonté, d'entendement et de raison, c'est-à-dire la synthèse des opérations de l'âme.

L'âme se sert donc du cerveau pour raisonner par suite du besoin qu'elle a des images sensibles, ces images étant attachées aux marques qui demeurent dans la substance cérébrale pour constituer la mémoire, on conçoit que l'âme se serve des rappels de cette mémoire, pour avoir occasion de se reposer.

Le cerveau chargé de présenter à point nommé à l'âme, les images dont elle a besoin, est forcé de subir, à la fois, une tension spéciale et une agitation d'ensemble pour chaque suite de raisonnement, il éprouve aussi à ce travail une fatigue dont il ne se guérit que par le sommeil.

Encore faut-il que les esprits qui ont pris certains cours, et ne peuvent être détournés aisément, ne s'avisent pas d'infliger à l'*attention* une persistance pénible ; car alors, de volontaire qu'elle était, l'attention deviendrait forcée—c'est pourquoi, le principe du gouvernement des passions, c'est, d'après la physiologie théologique, le gouvernement de l'*attention* elle-même. Un objet fait une violente impression sur le cerveau, voilà le point de départ de la passion ; détournez votre attention de cet objet, en la fixant sur un autre objet, et « voilà le coup de la » passion rompu. » L'agitation spéciale du cerveau est déplacée, la passion avorte ou guérit par une autre : l'ambition peut chasser l'amour, etc...

L'âme maitrisant de bonne heure son attention, et l'attachant à de bons objets, sera successivement maîtresse 1° du cerveau ; 2° du cours des esprits ; 3° des émotions que les passions excitent : Bossuet rappelle qu'il parle ici de l'attention véritable, de celle qui considère son objet tout entier ; car, dit-il : « Ce n'est être qu'à demi attentif
» à un *objet*, comme serait une femme tendrement aimée
» (p. 129), que de n'y considérer que le plaisir, l'objet
» dont on est flatté en l'aimant, sans songer aux suites

» d'un semblable engagement. L'attention tardive laisse
» tout le champ du cerveau à la passion, et l'âme n'est pas
» plus maîtresse de ce cerveau, qu'un cocher de chevaux
» fougueux qui ont pris le frein aux dents. »

Telle est, pour cette physiologie, l'histoire de la folie, du délire et des songes. Le cerveau est alors agité, soit partiellement, soit en totalité, par des impressions refractaires à la domination de l'âme : dans un cas, l'extravagance est complète; dans l'autre, l'âme maîtresse de quelques départements peut exercer ses fonctions sur divers objets. Toute passion violente est une *folie*, puisqu'elle cause dans le cerveau une agitation insurmontable à l'âme. Le sommeil et les songes, sont des états du corps qui a cessé par la soustraction de l'attention d'être en rapport avec l'âme. Cette attention impose, en effet, un tel travail au cerveau, qu'elle y appelle le sommeil, et l'imagination sans modérateur, le remplit, dans les songes, des vraisemblances dues aux tableaux que la mémoire rassemble sans discernement.

Ainsi l'âme prescrit tout au corps, et celui-ci n'est sain que lorsqu'il peut exécuter tout ce qu'elle commande. L'homme est une âme, se servant du corps et le faisant même servir si impérieusement à ses desseins, qu'il en consomme souvent la ruine propre.

Si quelquefois l'âme fonctionne mal, c'est parce que la meilleure main du monde avec une mauvaise plume écrira mal, et qu'un ouvrier avec toute son adresse naturelle ou acquise ne fera rien si on lui ôte son instrument. (Ibidem).

Toutefois, l'âme sent les coups qui blessent le corps, étant sensitive autant qu'intellectuelle ; l'âme et le corps ne font qu'un tout naturel. C'est seulement par de fréquentes réflexions qu'on parvient à distinguer ce qu'il y a du corps et ce qu'il y a de l'âme dans chaque action.

Beaucoup de mouvements comme ceux de la parole pourraient se produire sans la volonté, bien qu'ils en dépendent ordinairement. C'est l'agitation automatique du cerveau qui les produit alors, et l'on peut concevoir que par le seul battement de l'air, il se forme certaines paroles, comme il arrive au fantôme de Virgile :

« Dat inania verba, dat sine mente sonum. »

Telles sont les conclusions physiologiques de la théologie poussée par l'étrange fantaisie d'unir contradictoirement l'essence spirituelle à l'essence corporelle, et de les faire réagir ensuite réciproquement l'une sur l'autre, sans respect pour les notions logiques et le bon sens.

Le domaine des opérations sensitives et imaginatives est divisé de façon à reconnaître la supériorité double de l'âme et du corps. S'agit-il de l'ouïe, l'air frappe le tympan, voilà pour le corps; le son est perçu, c'est la part de l'âme. S'agit-il du goût, le suc des viandes ébranle les nerfs de la langue, cela regarde le corps, mais c'est l'âme qui goûte les douces ou amères saveurs.

Pour la douleur, elle n'est ni dans les cris ni dans les larmes, ni dans les contractions du visage, mais dans l'âme seule qui éprouve un sentiment fâcheux et contraire.

Dans les choses de la mémoire et de l'imagination, le cerveau est secoué, traversé, ébranlé, piqué et marqué par les esprits, c'est encore l'affaire du corps; puis les pensées sont produites, emmagasinées et restituées en masse ou séparément, voilà le rôle de l'âme.

Les passions n'ont dans le corps que leurs symptômes, comme dans la colère, le cœur agité, le bras tendu, le corps tourné à l'attaque; mais ce n'est point encore là de la vraie colère, et s'il n'y a point le désir de la vengeance, c'est que l'âme est restée inactive. De même, quoique le sang se retire des extrémités, que le visage soit pâle et que les pieds soient disposés à fuir, la crainte n'existe pas, tant que l'âme, s'efforçant d'éviter un péril connu, n'a pas commandé le départ. On devait raisonner ainsi avec l'idée bien arrêtée d'avance, de distinguer les créations subjectives et les entités *âme* et *corps*, qui servent d'assises à la doctrine.

Cette doctrine affirme donc que les opérations sensitives, inséparables des mouvements corporels, s'en différencient en ce que le mouvement par les esprits, est un simple déplacement des parties, tandis que le sentiment est une perception; après cette analyse lumineuse, on ne se demandera plus pourquoi le plaisir et la douleur appartiennent à l'âme quoique ressenties dans le corps; les ébranlements allant de l'objet jusqu'au cerveau, tiennent à l'objet seul, tandis que la sensation est une chose qui s'élève au-dessus de cela, dans un autre sujet, qui n'est plus le corps, mais seulement l'âme.

Voilà pourquoi l'âme ne connaît ni son cerveau, ni ses nerfs, ni rien dans la nature. Il ne lui est pas dit que nos nerfs sont picotés (p. 193) par une humeur âcre, que notre langue est remuée par le suc des viandes, et que des esprits errent dans le cerveau avant de se jeter dans les muscles pour les tendre. Ainsi le sentiment reste distinct des Esprits: le refroidissement du sang n'est pas la haine, son agitation n'est pas le désir ; le corps remue, mais l'âme ressent, et sa vertu dépasse toute la matière.

C'est après avoir examiné les attributs spéciaux de l'âme et du corps, que la théologie retrouve dans l'homme un ouvrage de grand dessein, avec cette âme née pour vivre dans un corps et lui être intimement unie ; car, dit-elle, toute intelligence aspire au bonheur et le cherche. Telle est la destinée de l'âme qui, par conséquent, ne peut être indifférente au bon état d'un corps lié à elle, et devait être attentive à ses besoins.

Le corps, de son côte, ne pouvait manquer d'être en mesure de prêter ses mouvements aux projets de l'âme ; « Aussi est-il construit avec un art admirable, où la sagesse » de son auteur divin éclate dans le tout et dans chaque » partie, tant il a mis de règle et de proportion, de dou- » ceur et de délicatesse dans tous les arrangements, etc... »

C'est une habitude banale des théologiens d'accorder un *satisfecit* à la Providence, lorsqu'ils croient avoir découvert *à priori* les lois des phénomènes physiques ou biologiques ; et cependant, l'insuffisance des notions véritables qu'ils donnent comme preuves justificatives de leur enthousiasme est si notoire, que, pour Bossuet en particulier, il ne reste rien d'exact aujourd'hui dans les prétendues lois physiologiques qui provoquaient son admiration : il n'a connu aucun des trois ordres de nerfs sensitifs, moteurs et sensoriaux, l'histoire des pneumogastriques est une lettre close pour sa perspicacité ; en revanche, il croit la dure-mère destinée à agiter, battre, distribuer et raffiner les esprits animaux ; il affirme que le cœur n'a que deux cavités où le sang s'échauffe, et que le poumon à son tour rafraîchit le cœur par l'air qu'il aspire.

Il estime que les artères ont un battement propre, et que les esprits animaux dont l'invention fait sourire tout le monde de nos jours, sont fournis par la partie la plus vive du sang agité par ces artères, et qu'enfin, mêlés au cœur, ils passent à travers ses pores, se dissipent et se reproduisent, etc. Tout cela est expliqué avec une confiance superbe, et le physiologiste de 1678 n'a pas la moindre crainte de voir infirmer par les expériences scientifiques de ses successeurs un mécanisme imaginé pour la plus grande gloire de ce divin architecte dont il attend, à son tour, un *satisfecit* dans le paradis. Nous venons de voir dans ce Ier chapitre l'inanité des notions sur lesquelles on prétend établir la morale ; l'exposé textuel de leur insuffisance apparait même sans critique ; nous allons voir plus loin ce que vaut la science des métaphysiciens comme base de l'Ethique.

CHAPITRE II.

DOCTRINE DE LA PSYCHOLOGIE MÉTAPHYSIQUE SUR LE MORAL HUMAIN.

Dans la science générale, il ne s'agit pas d'intuition mais de démonstration : dire que la nature ne fait rien en vain, qu'elle agit pour le mieux, n'est pas assuré ou plus légitime que de prétendre le contraire. Proclamer sans cesse les desseins providentiels, c'est se mettre encore, malgré l'affirmation contraire, en dehors des faits; car, si on prend le fini pour en déduire l'infini, si on décalque subjectivement des vues idéales en dépassant les limites d'un plan réel, on échappe au travail de l'expérience et à la démonstration rigoureuse qui en sort.

C'est cependant ce que fait la métaphysique, réalisant la méthode intermédiaire adoptée par l'esprit humain pour sa conception du monde. L'homme accepte, d'abord, les explications théologiques, parce qu'elles sont aussi simples et aussi commodes, qu'il est lui-même simple et ingénu : les créations ontologiques des métaphysiciens précèdent aussi les notions de la science, parce que le pressentiment intuitif va, par des hypothèses, au devant des réalités expérimentales. Enfin la philosophie positive résume pour nous l'ensemble des conceptions dues à l'observation, au fur et à mesure que les hypothèses préliminaires se laissent vérifier par l'accumulation des faits réductibles à des lois.

Mais la métaphysique, c'est-à-dire par étymologie la recherche de l'essence des choses (la surnaturalité, *métaphisica*, au-dessus de la nature) ne peut sortir des suppositions qu'elle parcourt circulairement ; elle n'établit entre les objets et l'intelligence que des rapports *à priori* ; ses déductions peuvent être légitimes, mais le point de départ étant incertain, les conclusions sont toujours illusoires.

La métaphysique établit que les propriétés des corps sont dues à des causes abstraites surajoutées à la matière ; elle admet que cette matière est inerte par elle-même, et quoiqu'on n'ait jamais vu de matière sans forces ou sans propriétés, elle professe que les corps sont constitués par un substratum matériel négatif en soi et sur lequel on ajoute *ad libitum* des forces causales et des propriétés extérieures.

Donc, au lien de reconnaître que la notion de cause et de force est identique à la notion de propriété et de modalité active, la métaphysique prétend séparer la matière de ses phénomènes et la vie de ses manifestations. Au lieu de stipuler, pour l'économie, des propriétés d'appareils ou d'éléments organiques, elle inflige imaginairement aux parties vivantes l'*irritation*, l'*inflammation*, le *fluide vital* et *néo-vital*, les pénétrant comme faisaient les esprits animaux de Descartes et Bossuet avec leur spontanéité.

Nous allons voir comment une pareille doctrine a pu

servir à soutenir la philosophie et la morale par les notions qu'elle a fournies sur la nature humaine.

Pour la physiologie théologique, l'homme est une compénétration des deux éléments âme et corps, et nous n'existons pas sans cette réunion complète et intégrale. Nous sommes des êtres mixtes placés entre l'esprit et la matière, entre le monde des intelligences et le monde des corps. Toutefois, n'avons-nous qu'une âme, comme le veulent Sthal et saint Augustin, ou deux et trois, comme le pensent Aristote et les platoniciens? Il importerait d'examiner cette question ; mais on conteste préjudiciellement à la science l'unité sur ce point : on croit légitime la distinction d'une science physiologique et d'une science psychologique ; on veut rendre justiciables de l'une, certaines études répudiées par l'autre. Ce point de dispute a été soulevé du moment où la métaphysique s'est trouvée en rivalité avec la science, en raison des empiètements de cette dernière sur le domaine accaparé par la première.

Les métaphysiciens disent que chez tous les peuples et dans toutes les religions, le sentiment d'une double nature dans l'homme apparaît formellement et justifie au moins, comme choix d'étude, l'examen des phénomènes qu'on rapporte à l'âme.

L'agrégat humain, ajoutent-ils, se compose de matière et de vie, et il suffit de l'évènement de la mort pour attester l'existence de ces deux éléments, car cet évènement disperse de tous côtés les molécules de l'un et dissipe étrangement les phénomènes de l'autre. D'une part on avait la vie, c'est-à-dire la cause ; d'autre part le corps, c'est-à-dire l'effet. Cette cause agissait depuis la fécondation du germe, à travers les délicates enveloppes du fœtus, jusque dans l'organisme complet. La matière elle-même, incessamment en mouvement, ne ferait que passer dans cet organisme, comme pour laisser aux forces vitales la preuve de leur prépondérance. Si on ajoute à ces considérations la conscience que nous avons de conserver, en dehors des mutations matérielles, l'identité persistante par laquelle nous nous constituons principe ou cause, il nous sera, dit-on, facile d'affirmer cette dualité.

Ce sentiment de notre individualité, ainsi détaché comme point de départ et cause de l'organisme de la matière, il faut rechercher à le réduire à une claire notion : la vie n'est-elle connue que par ses phénomènes, et son essence tient-elle à une hypothèse, quand on fait abstraction de cette phénomalité simple ou multiple ? Voilà où s'engage la métaphysique.

Une cause fait tomber la pierre. Newton appelle cette cause gravitation ; mais la gravitation n'est-elle pas une hypothèse? Un arbre végète ; mais la force végétative, qu'est-elle ?

Au contraire, l'homme remue son bras, et il n'a pas besoin, pour décider sans illusion qu'il est la cause première du mouvement opéré, de remonter, comme pour les phénomènes précédents, de l'effet à la cause. Pour lui, ce qu'il connaît est identique avec ce qui est connu. Le *moi* qui sent est encore le *moi* qui est senti ; l'homme, par son moi-conscience, ayant atteint la cause suffisante du phénomène cherché, n'a plus ni le besoin ni le pouvoir d'atteindre une autre cause.

Ce *moi*, comprenant qu'il est distinct des phénomènes

auxquels il ne préside pas par sa conscience, comme la circulation du sang, la digestion, les sécrétions, déclare alors hardiment, par la voix de la métaphysique, qu'il y a deux sources phénoménales de la vie.

Les deux sources de vie, après avoir constitué cette dualité vulgaire de la matière et de la vie que saisissent les gens les moins avancés, en représentent une autre plus délicate à apprécier.

Les phénomènes qui appartiennent au moi sont ceux qui diffèrent des phénomènes appartenant à l'agrégat corporel et la source dont ils proviennent pourrait, dit-on, s'appeler force vitale.

Le moi, d'un côté, et la force vitale de l'autre, en tant que causes, sont attachés d'une part au bien moral et intellectuel, d'autre part au bien animal et physique des individus. La distinction de ces fins est à ce point réelle, que souvent on trouve entre elles un antagonisme qui les subordonne et les sacrifie réciproquement l'une à l'autre.

Distinction ne veut pas dire indépendance ; la vie du corps qui est à l'extrémité du principe vital ne peut se soutenir sans la permission du principe personnel ou du moi intervenant. Par contre, ce moi ne saurait se mettre en rapport avec le dehors sans le corps. Or, celui-ci, fatigué, malade, impuissant, rend l'âme également souffrante, troublée, incapable. Le bien du moi, ainsi lié au bien du corps, c'est l'association des deux vies, c'est la conciliation des deux fins, c'est l'unité humaine qu'une hypothèse seule s'aviserait de résoudre en une substance commune. Si nous voulons échapper à cette hypothèse, disent les métaphysiciens, il ne reste plus que la distinction à faire entre la psychologie, ou science des opérations de l'âme, et la physiologie ou science des opérations du corps.

Il est vrai que ces deux sciences vont empiéter l'une sur l'autre, parce que les deux vies qu'elles étudient sont liées, mais leur séparation phénoménale motive la séparation scientifique qui s'y rapporte : uous sommes en pleine métaphysique.

Pour attaquer les faits psychologiques, le seul instrument approprié c'est la conscience, tandis que, pour réduire les faits physiologiques en notions catégoriques, il faut sortir de soi, expérimenter sur la nature animale et cosmique, et assimiler par nos sens externes des explications dont notre conscience ne peut nous rendre raison.

Les métaphysiciens prétendent qu'on perçoit la division et la diversité logiques des deux sciences, lorsqu'on voit la gaucherie aventureuse des physiologistes sur le terrain psychologique, et réciproquement, la maladresse d'un psycologue, introduisant sur la scène de la vie intellectuelle un acte de physiologie. Ils se donnent le spectacle successif d'une hospitalité devenant d'autant plus embarrassante qu'il s'agit d'étrangers ignorant davantage la langue et les mœurs du pays qu'ils abordent.

Mais, ici, la métaphysique oublie d'avouer que le physiologiste n'entend pas du tout dédoubler la science de l'homme, laquelle, pour nous, reste *une*, ne vise pas à deux fins, ne vient pas de deux sources, mais au contraire consiste dans la notion de l'évolution de nos facultés primitives constituées elles-mêmes par les propriétés immanentes de la matière en biologie cérébrale.

Une même cause, dit-on, pourrait produire des phénomènes différents, comme ceux dont s'occupent les deux sciences en question, sans que pour cela elles se confondent; les actes de l'âme nous sont connus parce que leur cause est en nous et est nous-même; dans les phénomènes de la circulation, nous ne remontons pas à une cause première, parce que nous comprenons que cette cause n'est pas en nous ni nous-même. Cependant il pourrait y avoir identité entre ces deux causes : nous n'en savons rien. Arguer d'une différence de nature pour prouver la dualité humaine est donc, selon la métaphysique, une chose insignifiante. Cette dualité n'est pas non plus prouvée par la simplicité du principe des opérations psychologiques opposée à la variabilité des opérations corporelles; d'abord parce que cette simplicité est révélée directement par le sens intime et non inductivement à la suite de l'observation; ensuite, la simplicité d'une cause est si évidente à dénoncer, que c'est un pléonasme de l'invoquer, une cause étant toujours simple ou n'existant pas.

La métaphysique croit donc le principe des opérations de l'âme, *unique*, parce qu'elle le sent tel par la conscience, et simple parce que toute cause est simple. Quant aux opérations physiologiques, dérivent-elles du corps aussi indubitablement que les phénomènes psychologiques dérivent du principe trouvé par la conscience? Si oui, la dualité est prouvée; mais cela n'est pas évident. Le cœur, l'estomac, les poumons peuvent être des intermédiaires et des instruments d'une cause extérieure et supérieure, de même que la main, la langue, les membres servent d'une manière spéciale. Toutefois, la nature ou l'origine corporelle des phénomènes physiologiques ne résulte pas nécessairement de l'expérience ni de l'induction fournie par l'observation, parce que, disent encore avec ténacité les métaphysiciens, il n'est pas permis de conclure de la matérialité du phénomène à la matérialité de la cause : le moi est une unité sans matière et il produit des effets matériels, Dieu est simple et il agit sur la matière. D'ailleurs le corps n'est pas simple : toute cause est simple, donc le corps n'est pas cause de sa matérialité.

Tout au plus on pourrait, dit encore la métaphysique, prétendre que les phénomènes physiologiques, par leur nature, dérivent de forces inhérentes aux molécules matérielles ; mais cette action, directement moléculaire, est moins aisée à comprendre pour la métaphysique qu'une force s'emparant des organes et les faisant manœuvrer. Dans l'hypothèse organique, la vie, dit-on, dépendrait d'une multitude infinie de petites causes contre lesquelles protesterait son unité. D'ailleurs, ajoute-t-on, ce sont les organes qui ont été produits par la vie, et non la vie qui a été produite par les organes. A un moment donné, ces organes n'existaient pas que déjà la vie travaillait à les former ; et bientôt, la vie cessera qu'ils seront encore présents.

Si la vie physiologique émanait du corps, ce corps serait, à la fois, cause et effet de la vie. La vie présupposerait les organes, puisque ces organes la produisent ; mais, en même temps, ils présupposeraient la vie, puisqu'ils en viennent : « Ils ne seraient donc pas produits avant » d'être ou auraient été avant de se produire, cercle » vicieux, décisif. » (Jouffroy, p. 195, *Nouveaux Mélanges*, éd. 1861.) Et les métaphysiciens de conclure que la vie physiologique seule est obscure, tandis que la vie psychologique est toujours simple et facile à embrasser dans tout ce qui la constitue : dans la première, nous saisissons laborieusement des effets matériels produits par des causes inconnues; dans la seconde, nous comprenons à tout instant chaque condition de notre vie.

Voilà où arrivent les métaphysiciens avec leurs créations subjectives et leur ontologisme entêté. Il faut qu'ils réalisent à tout prix les forces premières, abstraites, imaginaires, et qu'ils les introduisent partout. Il faut qu'avec leur conscience, bien plus indiscrète que sûre d'elle-même, ils se posent à distance du *moi*, c'est-à-dire du corps et de l'âme, pour observer ce *moi!* Conçoit-on qu'une prétention aussi illogique ait fait si longtemps illusion et ait été soutenue par des hommes distingués comme Jouffroy, Maine, de Biran, Cousin, Damiron et d'autres qui furent ou maîtres ou élèves ?

Cette habile conscience atteint non-seulement, dit-on, les modifications du principe lui-même, elle saisit la substance du moi, elle sent sa pensée, elle sent sa volonté, elle sent sa sensation. Cette proposition, consacrée en logique : « l'âme ne nous est connue que par ses actes, » on la dédaigne, attendu que l'âme ou la conscience, dans ce qui les regardent, se sentent cause et sujet à la fois.

Tant que l'âme persiste dans le corps, la conscience coexiste avec elle ; il n'en peut être autrement : la conscience étant un acte de l'âme, implique l'antithèse antinomique. L'âme se sent substance comme elle se sent cause. Par substance, il faut entendre ici le produit de ses modifications ; car, si on voulait entendre un substratum quelconque, les métaphysiciens avouent que leur âme ne sent pas un tel substratum et, qu'à vrai dire, l'intelligence étant une force, une force ne suppose pas de *cause*, mais représente cette *cause*.

Nous verrons plus loin par quelles notions plus saines la science biologique remplace ces abstractions fatiguantes, mais nous devons résumer encore l'enseignement officiel sur cette question, pour comprendre comment la métaphysique universitaire interprète, dans les écoles, l'homme *sujet* et *objet* de la morale qu'elle enseigne.

La philosophie classique reconnaît donc d'abord la science psychologique qui définit l'âme, sa nature et la puissance de ses facultés. Elle enseigne ensuite que la logique réunit, sous la présidence de la Raison, toutes les facultés de l'âme, pour procéder, en conseil, à la recherche de la vérité. C'est alors qu'elle aborde la théodicée, où elle trouvera toutes les solutions sur l'existence et les attributs de Dieu ; et à la fin, pour couronnement de l'édifice, elle décrit, avec la science de la morale, les devoirs de l'homme et ceux de la société.

Le nom synthétique de Philosophie ayant procuré un peu d'inquiétude aux représentants du pouvoir, on avait cru devoir, sous la restreinte dénomination de *logique*, instituer dans nos établissements d'instruction secondaire des cours comprenant les quatre divisions ci-dessus énumérées ; un libéralisme de mot a rendu aux élèves des lycées l'appellation qualificative de philosophie à l'enseignement dont nous parlons.

On dit donc dans les colléges : 1° l'âme est une substance immatérielle douée de sensibilité, d'entendement et de volonté ; 2° le corps est une substance matérielle organisée de manière à seconder les opérations de l'âme. Cette âme est passive et active à la fois, puisqu'elle se trouve modifiée par tout ce qui l'entoure et qu'elle réagit sur ces modifications. 3° On appelle facultés de l'âme les aptitudes de modification et d'activité dont elle est douée, et dont les principales sont la sensibilité, l'entendement et la volonté.

La sensibilité est la faculté qu'a l'âme d'être avertie ou d'être émue à l'occasion de ce qui s'accomplit en elle, et de répondre aux avertissements et aux émotions qu'elle éprouve. Cette sensibilité est le point de départ de toutes les opérations de l'âme et présente deux degrés bien distincts, savoir : 1° une sensibilité psychologique ou élémentaire qui permet à l'âme d'être toujours prête à subir l'action d'une influence quelconque ; et 2° une sensibilité proprement dite, par l'effet de laquelle l'âme, plus ou moins émue de l'action qu'elle a subie, réagit plus ou moins puissamment.

§ II. — Le plaisir, la douleur, la joie, la tristesse sont des modalités de l'âme, sympathique ou antipathique aux causes qui agissent sur sa sensibilité soit psychologique, soit proprement dite. Mais, suivant la nature de la cause dont l'âme subit l'action, cette sensibilité est encore dédoublée en sensibilité soit physique, soit morale, selon que les causes agissantes sont matérielles, comme les couleurs, les odeurs, les sons, les saveurs, ou immatérielles, comme les idées, les souvenirs et les affections. Les deux principaux phénomènes de la sensibilité sont la sensation et le sentiment. Par la première, il faut entendre ce que l'âme éprouve à la suite du témoignage des sens sous l'influence d'une cause physique ; on appelle sentiment ce qu'éprouve l'âme sous l'action d'une cause intellectuelle ou morale, avec un certain mélange de peine ou de plaisir. Une sensation peut prendre le nom de sensibilité psychologique quand, dégagée de tout élément de joie ou de tristesse, elle se résume en un simple avertissement reçu par l'âme à l'occasion d'un objet de l'ordre moral ou intellectuel. Les métaphysiciens sont toujours heureux quand ils peuvent donner un nom qui complique les distinctions logiques et abstraites.

§ III. — L'acte par lequel l'âme se rend compte de ce qui se passe dans sa sensibilité, quelle qu'en soit la cause, est la *perception* qui est dite externe, lorsque cette cause vient des sens, et interne s'il n'y a pas d'impression préalable à la présence devant l'âme de l'*objet immatériel* ; car la métaphysique reconnaît des substances immatérielles ; et tout ce spiritualisme est extrait du *Manuel classique* et *approuvé*, publié par Dezobry, en 1864, pour les lycées impériaux.

Après la sensibilité, vient l'entendement ou faculté d'avoir et de former des idées qui servent à l'âme pour que cette âme arrive à la connaissance de ce qui se passe en elle et en dehors d'elle, de sorte qu'il faut avoir des idées pour la conscience et de la conscience pour avoir des idées, image circulaire du serpent qui mord sa queue. Cette subjectivité métaphysique, qui parvient à se créer une objectivité si générale, s'insinue partout : on la retrouve en arrière de soi, en avant et sur les côtés de la route !

Nous sommes au milieu des facultés de l'entendement,

et par elles nous allons apprendre à nous connaître en même temps qu'elles nous diront ce qu'est le monde extérieur ; car elles porteront la lumière et sur elles-mêmes et sur nous-mêmes, sur le moi et le non-moi.

Les opérations principales de l'entendement sont l'attention, la comparaison, le jugement et le raisonnement. Dans la première opération, l'âme concentre son activité sur un objet donné ; elle est toujours encouragée par la volonté ; mais, éloignée quelquefois par la distraction, elle est ramenée par la patience qui lui permet même souvent de ne plus songer qu'à telle ou telle des propriétés de l'objet qu'elle a en vue, ce qui lui permet de faire, sans s'en douter, des généralisations et des abstractions.

§ IV.—Devenue ainsi plus habile, l'âme met en comparaison deux choses pour juger de leurs convenances ou disconvenances, et passe ensuite à une autre opération par laquelle elle décide que ces convenances ou disconvenances méritent d'être rapportées à certaines choses comparées, c'est le *jugement*, lequel s'énonce au moyen d'une proposition renfermant au moins trois éléments : le sujet, le verbe et l'attribut. Ici, le jugement et l'attention bien que désignés sous le nom d'opérations de l'âme, en sont, en réalité, les facultés.

Pour la métaphysique universitaire, l'idée est ce que l'entendement conçoit à l'occasion des choses ou des personnes avec lesquelles il se trouve en rapport. « Le » mot idée, selon Port Royal, est du nombre de ceux » qui sont si clairs, qu'on ne peut les exprimer par » d'autres, parce qu'il n'y en a pas de plus clairs et de » plus simples. »

Cela n'empêche pas la logique de Port Royal de reconnaître à l'idée dix espèces différentes : 1° adventice, 2° factice, 3° nécessaire, 4° contingente, 5° abstraite, 6° concrète, 7° universelle, 8° particulière, 9° générale, 10° composée : Elle est, en outre, vraie ou fausse, douteuse ou probable, claire ou obscure, affirmative ou négative, absolue ou relative, vraisemblable ou invraisemblable, axiomatique ou de premier ordre, providentielle ou première.

Quant à son origine, l'idée n'est plus maintenant attribuée d'une manière exclusive, soit aux sens, soit à l'intelligence. L'enseignement universitaire en fait don aux sens si elle se rapporte aux choses matérielles, et à la raison intime dès qu'elle a trait à ce qui se passe en nous.

La mémoire est la faculté de l'âme de garder et de retrouver les sentiments et les idées, comme l'imagination est pour l'âme la propriété de conserver les formes des objets matériels et de réaliser un idéal.

Inutile de faire remarquer qu'avec ces définitions purement grammaticales, nous n'avons aucune notion sur notre constitution cérébrale, sur nos instincts primitifs, sur nos facultés fondamentales et, par conséquent, sur la limite et l'intensité de leurs développements physiologiques.

On se croit cependant assez édifié pour construire la science de la théodicée avec le point d'appui de ce *gnoti seauton*, connais-toi toi-même officiel.

Bien que selon l'aveu de plusieurs philosophes spiritualistes, la preuve de l'existence de Dieu ne puisse résulter d'aucun effort de la dialectique et appartienne en propre à la révélation, cette preuve est poursuivie aussi méthodiquement que s'il s'agissait d'un diagnostic à dégager des éléments qui le contiennent en médecine, quoiqu'il s'agisse d'arguments essentiellement métaphysiques en théodicée.

Dieu posé *à priori* et par hypothèse subjective, se prouve donc : 1° par la réalité de la matière, qui ne peut exister par elle-même, l'existence étant en soi une perfection de l'Être, qui du fini deviendrait infini, autrement dit analogue à Dieu. Or, si elle n'est pas Dieu, elle est l'œuvre de Dieu ; donc Dieu existe.

De plus, cette matière présente un perpétuel mouvement qu'elle n'a pu se communiquer et qui ne peut lui venir que de Dieu, et elle réalise par son activité un ordre dont les poètes et les artistes aiment à célébrer la puissance et la sagesse.

Ainsi, on obtient, en métaphysique, la preuve de l'existence de Dieu par l'idée de l'être parfait, antithèse de notre infirme personnalité par une autre idée de l'Être nécessaire, antagonistement placée vis-à-vis de notre contingence; enfin, par l'idée générale de l'universel et du divin que Dieu envoie, dit-on, pour se démontrer et se révéler, quand celles qui précèdent ne suffisent pas.

La notion de Dieu s'extrait encore du sentiment qui s'associe à l'idée qu'en prennent les intelligences et qui irait au cœur avec la même facilité qu'elle va à l'esprit.

Toutes ces preuves sont de la même espèce : c'est l'effort présomptueux de l'imagination qui les produit ; elles appartiennent à la catégorie des hypothèses subjectives, et si quelquefois elles se rapprochent du panthéisme de Spinosa ou du matérialisme d'Épicure, c'est que les théologiens et les spiritualistes, malgré le scandale de ce rapprochement qu'ils tolèrent, ne peuvent s'accorder dans leur démonstration, bien qu'ils soient d'accord pour produire un Dieu par leur à *priori* si précieux.

Un cours de morale pour la quatrième année de l'enseignement secondaire vient d'être institué par l'Université. Il s'appuie sur les données de logique et de théodicée que nous venons de passer en revue. Son programme, composé de huit sections, comprend d'abord, sous le nom de facultés et sentiments propres à l'homme, l'étude 1° de la raison, 2° de la liberté, 3° de l'amour désintéressé de ses semblables, 4° de l'amour du vrai, du juste et du bien, 5° du sentiment du beau, 6° du sentiment religieux. Il est évident que ce ne sont là que des attributs et non des résultats explicites et concrets, produits par des facultés assez déterminées dans leur spécialité pour résister à cette vague confusion que la métaphysique voudrait leur imposer dans la physiologie qu'elle invente.

De ces facultés qui pourraient si bien se réduire comme nombre, ou se substituer les unes aux autres comme analogie, le programme fait sortir la notion du devoir, dont les manifestations diverses et si compliquées se trouvent contenues dans un ensemble de renseignements et de règles formulés et dogmatisés par tous à l'avance.

De la subjectivité qui précède provient une morale, où la spontanéité, le droit et l'autonomie de l'homme sont subordonnés aux systèmes de révélation et d'autorité.

On traite à part dans une 2° section, des devoirs de l'homme, devoirs déterminés dit-on par notre nature et par la fin à laquelle nous sommes appelés, double notion qui précède, en métaphysique, toute espèce d'expérience.

Eclairer l'esprit, purifier le cœur, conserver et gouverner son corps, s'exercer à mettre toujours la raison au-dessus de la passion, tels sont les principes de déontologie proposés : mais de quelle passion s'agit-il, sur quelle raison absolue est-il permis de compter ? on s'inquiète peu de ces considérations physiologiques.

On décide que la vraie grandeur de l'homme est l'accomplissement du devoir et la pratique de la vertu et on fait l'éloge de la tempérance, du courage civil et militaire, du sacrifice et du dévouement. Cette généralisation indistincte du devoir et de la vertu aboutit à justifier le système des pouvoirs sociaux ou théocratiques, supérieurs et antagonistes aux droits individuels, tandis qu'il n'y a de réel que la constitution cérébrale de chaque être humain.

Le cours de morale dont nous parlons traite dans une 3ᵉ section des devoirs de l'homme en société et les divise en devoirs de justice et devoirs de charité, le droit de servir Dieu selon ses lumières et sa foi, est consacré parmi les premiers, et on demande protection pour son exercice, quoiqu'en fait il soit peu probable que chaque innovation théologique puisse se traduire librement en formules pratiques à côté des cultes officiels acceptés par l'université. Quant aux devoirs de charité, on déclare avec raison mais d'une manière superflue que, s'ils sont dans la civilisation et dans la religion un principe essentiel, ils ne peuvent être imposés et sanctionnés par les lois. Toutefois on néglige d'avouer que cette intervention de charité religieuse et sociale, à côté de la justice, et comme destination supplémentaire, prouverait la défaillance de cette même justice, mais alors pourquoi rendre la charité facultative, si la justice est obligatoire, et si ce sont des vertus au même titre ?

Dans la section suivante, il est question des devoirs de l'homme dans la famille, on y déclare le mariage saint, tout traversé qu'il soit de misères et de félonies, par le fait des conditions sociales d'où il sort ; et on fait dériver l'autorité des parents du principe même qui les charge de l'éducation de leurs enfants ce qui est un pléonasme ou un cercle vicieux inutile à tracer.

La cinquième section traite des devoirs du citoyen envers l'Etat passé ontologiquement à une réalité extérieure aux individus sociaux. On fait savoir alors aux jeunes gens que la société civile est aussi nécessaire et naturelle que la famille quoique l'organisme de cette société soit si variablement expliqué et conçu ! et on ajoute que l'activité intelligente et dévouée est obligatoire pour l'une comme pour l'autre, ce qui assimile l'État au père de famille, et la société à son enfant, notion qu'on prolonge volontiers quand on compare ensuite la cité et la patrie à une mère qui protège ses fils et que ses fils vénèrent, etc... nous avons montré ailleurs la fausse analogie créée entre l'Etat et la famille, et le défaut de parallélisme constitutionnel de l'un à l'autre, les citoyens n'ont pas primitivement entre eux ces différences hiérarchiques que présentent par essence les membres de la famille, on ne peut opposer la sollicitude instinctive d'un père à la prévoyance plus ou moins ingénieuse d'un chef social.

Désormais, plus la vigilance de l'un est utile, dévouée et sympathique, moins l'initiative, la spontanéité et l'intervention de l'autre sont recherchées : on ne demande plus à l'Etat que la protection de la police strictement indispensable pour les transactions civiles et commerciales et partout on cherche à s'exonérer de ses droits divers et abstraits, traditionnels et dynastiques.

Il s'agit dans la sixième section, des devoirs des nations entre elles, de ce qu'on nomme droit des gens. L'occasion y est bonne de montrer les progrès de la justice et de l'humanité dans les rapports mutuels des peuples, dont l'accord collectif produira un jour la société universelle du genre humain.

Mais de même qu'on avait formé la cité avec les familles, la nation avec les cités, on produit artificiellement la grande société du genre humain avec un nouveau consentement de tous les peuples, laissant ainsi à chaque groupe des droits essentiels, isolés, distincts et spéciaux, tandis que ces séries hiérarchiques, sont factices et scholastiquement inventées, sans pouvoir constituer dans la biologie des entités spéciales.

Ce que Hobles, Burlamaqui, Grotius et Pufendorf appellent droit des nations ou droit des gens, droit de paix et de guerre, n'a point été systématisé *à priori*, mais inscrit successivement en formules juridiques, au fur et à mesure des progrès ou avantages humanitaires représentés par les mœurs, la science et les acquisitions matérielles et morales qui y correspondent.

Le métier de corsaire et de pirate a passé longtemps pour légitime, comme la mise a mort des prisonniers, comme le pilage des villes, comme l'anthropophagie, comme la théophagie ; ces choses apparaissent ou disparaissent selon les âges relatifs des civilisations qui les comportent ou s'en débarassent. Le droit des gens est, d'ailleurs, identique au droit naturel et les actions des particuliers peuvent être jugés comme celles des individus collectifs. Ce qu'on a accepté sous le titre de *raison d'État* n'a été, en général, qu'une consécration des faits par la force et non par la justice, cette dernière mieux comprise supprimera la raison dite d'état.

Cicéron dans son traité des devoirs, dit que les Romains manquèrent au droit des gens, quand ils livrèrent aux flammes la ville de Corinthe, et autre part, lorsqu'après s'être fait livrer par les Carthaginois, leurs vaisseaux, leurs éléphants et leurs armes, ils exigèrent qu'ils quittassent la ville pour se transporter à deux lieues de la côte.

Sparte, en ce qui la concerne, aurait manqué aux lois de la justice et de l'humanité lorsque dans la guerre du Péloponèse, elle détruisit la ville de Platée. Par contre, Aristide dissuadant Thémistocle d'incendier la flotte lacédémonienne à Cythium, mérita la haute approbation des Athéniens. Ces alternatives morales sont indépendantes des règles écrites. La guerre implique des nécessités cruelles de détail ou d'ensemble que les temps ultérieurs munis d'expérience, ont déclaré inutiles ou funestes aux vrais intérêts de l'humanité instinctivement poursuivis : Si les hommes deviennent meilleurs, c'est qu'ils sont plus éclairés. Plus ou moins de moralité, c'est l'application de plus ou moins de justice et le sentiment de justice ne peut se transformer que lentement, bien qu'il ait dans l'organisme cérébral une incontestable réalité. Le respect de la vie individuelle porté dans toutes les consciences par le développement de l'égalité, de la liberté et de la solidarité sociales, est tel aujourd'hui, qu'il suffit à un jeune conscrit de raconter ses misères pour qu'elles fassent naître dans tous les cœurs une protestation unanime, et qu'elles tendent à modifier les idées politiques d'une nation à l'endroit d'un homme et d'une époque : il est impossible de lire l'histoire des campagnes de Leipsik et de Waterloo, sans ressentir contre le fétichisme impérial de 1814, un profond dégoût et pour ceux qui en furent victimes une immense pitié.

Ninive, Carthage, Corinthe, Numance, disparaissent sans avoir conscience de l'avoir mérité ; les Goths, les Vandales, les Huns, reconstituent sur les ruines qu'ils ont amoncelées, une société plus vigoureuse, mais qui veut avoir devant elle du temps pour se produire avec toutes ses qualités encore virtuelles.

Même de nos jours, à côté du principe de neutralité belligérante respecté par ceux-ci, il y a les usurpations consommées par ceux-là. Dira-t-on à ces derniers qu'ils manquent au droit des gens, ils ne le croiront pas, parce que ce droit n'est pas inscrit à la même heure et d'une façon explicite dans tous les esprits et qu'il n'est pas antérieur aux lumières de la conscience qu'il prétend conduire. Le sort des guerres est toutefois fort compromis en Europe, les idées de congrès généraux s'étendent jusque dans les palais, et il n'est pas déraisonnable de penser que, dans un avenir prochain, les questions encore dénouées par les armes seront résolues par les délibérations pacifiques des intéressés.

Fénélon et l'abbé de Saint-Pierre commençaient à saisir

l'avenir dans leurs généreux rêves. Cet instinct guerrier ou militaire, si bien compris par A. Comte dans sa double valeur, comme offensif et défensif, constructeur et destructeur, prudent et téméraire, accapareur ou gaspilleur, insolent ou généreux, extravagant ou modéré, loyal ou hypocrite, cruel ou bienveillant, saura, avec le bénéfice de l'expérience, trouver un meilleur emploi que par le passé.

§ V. — Dans le cours de morale universitaire, un 7ᵉ chapitre est consacré aux devoirs envers Dieu et aux considérations qui se rapportent au culte religieux. On y développe cet argument-modèle de subjectivité métaphysique qui appartient à Bossuet : « Mes idées sont supérieures à mon
» esprit, puisqu'elles le redressent et le corrigent. Elles
» sont quelque chose qui est en moi mais qui n'est pas moi.
» Elles sont en moi alors que je n'y pense pas, et me sont
» plus présentes et plus intimes que mon propre fonds. »

De la notion de la divinité combinée avec la notion de sa puissance providentielle dérivent les devoirs qu'on rappelle; et, sous le titre de Providence, on comprend les attributs moraux de Dieu, comme la sagesse, la bonté, la justice. Mais alors, il faut de nouveau prouver la Providence comme on avait prouvé Dieu. La métaphysique universitaire n'est pas embarrassée pour si peu, et elle rattache à trois chefs les preuves qu'elle va fournir : 1° évidence d'un dessein sage et bienveillant, 2° évidence d'un gouvernement moral, 3° évidence des finalités. On invoque alors, d'après Dugalt Stewart, la hiérarchie des causes premières, savoir : 1° l'appropriation des instincts animaux aux lois du monde matériel, 2° le rapport harmonique entre les fonctions et les milieux, 3° l'enchaînement solidaire des lois végétales et animales, etc.

Dans ces rapports par voie d'antithèse, la priorité d'un des termes n'étant jamais résolue, c'est toujours la question posée par la subtilité scholastique, de savoir si c'est la poule qui vient de l'œuf ou l'œuf qui vient de la poule.

On sait avec quel bon sens inexorable le système des causes finales a été critiqué. Le livre fameux du *Système de la Nature*, attribué à Mirabeau, secrétaire de l'Académie française, était redouté à ce point par le clergé du xviiie siècle, qu'un dévot naïf en disait : « C'est l'athéisme démontré. » On y réfute, en effet, sans effort des arguments comme ceux-ci : que les marées ont été données à l'Océan pour que les vaisseaux entrent plus facilement au port, et aussi pour empêcher l'eau de la mer de se corrompre ; on y soutient que les moutons n'ont pas été nécessairement faits pour être cuits et mangés, puisque l'homme peut vivre à la rigueur sans viande de mouton.

Enfin on y prétend que les hommes ne sont pas destinés providentiellement pour être tués à la guerre, quoique pour beaucoup d'entre eux, même parmi ceux qui ont invoqué le dieu des armées et communié le matin, avant la bataille, il y ait occasion et fait de mort et d'homicide.

Chez les païens, et en particulier dans Homère, les dieux n'étaient que secondairement maîtres du monde, le destin les primait dans leur arbitraire. Jupiter ne put s'opposer au meurtre d'Hector par Achille, car ayant pesé les deux héros dans la balance du destin, il avait reconnu que son héros troyen devait succomber sous les coups du grec.

Quand on méconnaît la succession des lois qui reproduisent ou représentent l'évolution des phénomènes naturels, on est disposé à croire que le caprice ou l'arbitraire peuvent modifier ou interrompre la série causale exprimée par ces lois. Il est bien probable, dit-on, que si on avait assassiné Cromwell, Ludlow et Ireton huit jours avant qu'on coupât la tête à Charles Ier, ce prince n'eût pas été sacrifié ; de même, si Louis XVI n'avait pas été reconnu à Varennes pour avoir mis anxieusement la tête à la portière de la voiture, il ne serait pas mort sur l'échafaud.... Rien n'est plus oiseux que de discuter rétrospectivement sur l'ensemble de faits entre lesquels on ne peut plus intercaler des conditions fixes d'évolution ou des lois régulières de succession, vis-à-vis de leur apparition normale !

Les phénomènes qui semblent échapper par leur complexité à une législation scientifique, reçoivent peu à peu une place dans le code spécial qui les concerne. Les faits biologiques et sociaux seront évidemment les derniers à reconnaître les lois régulières de leur manifestation, mais il ne faut pas désespérer de les voir un jour réduits en des notions positives, quand une science plus large autorisera des prévisions de plus en plus larges : « Savoir, c'est pouvoir. »

Déjà, avec l'examen télescopique d'un grand horizon, on évalue les circonstances météorologiques les plus intéressantes au point de vue pratique pour l'agriculture, le commerce et la navigation ; et bientôt ce ne sera plus avec des neuvaines et des rogations qu'on attendra les vicissitudes de la pluie et du beau temps.

Voltaire, le bon sens incarné, dit à cette occasion : « Il
» serait plaisant qu'une partie de ce monde fût arrangée

» et que l'autre ne le fût pas ; qu'une partie de ce qui
» arrive dût arriver, et qu'une autre partie de ce qui arrive
» ne dût pas arriver. »

Dans les leçons universitaires que nous examinons, on emprunte à Lebnitz aussi bien qu'à Fénélon et à Jean-Jacques Rousseau, les réponses que ces déistes ont faites contre l'objection anti-providentielle du mal physique ou moral. Ce qui est créé ne saurait, dit-on, être égal au Créateur, et, par conséquent, se trouve condamné à l'imperfection, c'est-à-dire à la souffrance et au péché. Après tout, ajoute-t-on, la somme du bien, dans la vie humaine, surpasse la somme du mal ; l'ordre moral de la société est rarement bouleversé, les vices et les crimes, dans l'existence de l'être le plus dépravé, tiennent une courte place ; le désordre est une exception, et l'on peut croire avec saint Augustin et saint Thomas que Dieu a permis la présence de quelques maux pour faciliter celle de plus grands biens : ôtez la souffrance, il n'y a plus d'épreuve ; or, c'est la distinction de la vie humaine de dépendre du Créateur au moins par cette dernière conséquence : nécessaire conclusion théologique.

Quelle est la sanction de la morale ? Telle est la dernière question qu'adresse l'Université à ses jeunes candidats, et ceux-ci doivent répondre que nous sommes organisés intellectuellement de telle sorte qu'il nous est impossible de concevoir le devoir librement accompli ou librement enfreint dans un de ses trois objets généraux : 1° Dieu, 2° nous-mêmes, 3° nos semblables, sans en concevoir l'accomplissement méritoire et l'infraction déméritoire ; le premier provoquant une récompense, l'autre un châtiment. Une telle prémisse tout à fait subjective, qui laisse de côté la notion de la liberté et de son étendue et fixe *à priori* la nature du devoir et ses limites, entrainera toutes les conséquences qu'on voudra.

On admet bien qu'il y a des degrés dans le bien et le mal moral et par suite dans le mérite et le démérite, mais qui a décidé le nombre et l'intervalle de ces degrés ?

Contrairement à cette doctrine, les philosophes du Portique disaient que les actions humaines étaient, en deux séries, toutes égales entre elles, soit bonnes, soit mauvaises : c'est que les stoïciens ne reconnaissaient que la conscience pour sanctionner la conduite ; pour nos modernes, la conscience est un premier moyen de sanction, mais il en existe plusieurs autres : 1° l'opinion sociale, qui estime en chaque individu les vertus et les vices de la même façon que chacun les estime en soi, en y ajoutant la valeur des sons répercutés et augmentés par l'écho qu'elle représente; 2° la justice sociale, qui mesure ses faveurs ou ses châtiments sur l'échelle du mérite ou du démérite. Ces deux modes de sanction n'ont aucune parité : le premier ne sort pas de la conscience, et le second ne mérite pas toujours d'être accepté par elle ; il suppose, d'ailleurs, une délégation autoritaire qu'il s'agit précisément de justifier, ce qui nous renferme encore dans le cercle vicieux où tourne sans cesse la métaphysique.

La philosophie de l'Université invoque enfin, d'une manière éclectique, certaines maximes de l'antiquité, comme celle-ci, de Sénèque : « Que la malice boit elle-même plus « de la moitié de son venin » ; mais elle revient à la hâte au principe catholique « Que Dieu a lié le mal physique

» avec le mal moral et le bien physique avec le bien moral,
» de telle façon que l'observation des lois naturelles et une
» bonne direction assurent les intérêts privés et collectifs
» la santé et le bien-être de tous et de chacun. » — Mais
tout cela, remords ou satisfaction, approbation ou improbation de la part de nos semblables, récompenses ou pénalités sociales, pertes ou acquisitions des biens extérieurs,
etc.... tout cela ne constitue pas une sanction ou une somme
de sanctions satisfaisante. On sait, dit l'Université, comme
l'Église, que la conscience est souvent muette ou boîteuse,
que la société n'atteint pas tous les actes mauvais ou bons,
et qu'elle se trompe quelquefois quand elle croit les saisir ; enfin, que le bonheur ou le malheur de la vie sont
souvent indépendants du vice ou de la vertu sur cette terre ;
donc il y a une vie future. L'espérance universelle qui
règne à ce sujet paraît une certitude sur sa réalité, et
parce que tout le monde met à la grande loterie ses épargnes contre le désespoir, il s'en suit, pour les métaphysiciens, que la vie future, avec les promesses ou les terreurs
dont on la complique, est un complément sanctionnel très-positif de notre conduite et de notre moralité ! — Nous
n'acceptons pas plus la déduction philosophique que la
révélation théologique. — Des trois vertus théologales,
la Foi, si elle n'est pas un effet de la grâce, est une
complaisance de l'instinct de causalité; l'Espérance peut
être définie, avec un poète sinon sérieux du moins très-spirituel, le *mont-de-piété du malheur*, et la Charité n'est
qu'une pierre d'attente de la Justice, quand elle n'est pas
une protection contre d'indiscrètes réclamations.

Quant à l'immortalité de notre âme, Pythagore, Socrate, Cicéron, Bossuet, Fénélon, Clarke, J.-J. Rousseau veulent bien l'attester, mais ils sont loin d'être d'accord sur les éternels modes qu'elle doit revêtir, ce qui implique une certaine incertitude sur le fait en lui-même et sur l'importance de ses conséquences

D'autre part, la contingence de l'union de l'âme et du corps et la distinction cartésienne de l'esprit et de la matière, distinction qui permet encore à la métaphysique, depuis Mallebranche et Fénélon jusqu'à MM. E. Saisset et P. Janet, d'établir l'observation du *moi* par le *moi*, cette contingence et cette distinction supposent un arbitraire théocratique très-grand sur les destinées de la vie future et sur le jugement dernier.

Cette existence future devant être, à la fois, selon le dogme, une fin absolue et une occasion particulière de rétribution, il faut alors que notre individualité survive au corps, en conservant la conscience et la réminiscence du passé. Le Léthé du 6me chant de l'Énéide est donc une invention insuffisante, puisque les âmes qui venaient s'y désaltérer, perdaient le souvenir de leur existence antérieure avant d'aller animer d'autres corps.

Tout cela, selon l'Université, autorise l'adhésion publique au dogme révélé, et, par suite, aux étranges conclusions qu'il nous impose touchant l'enfer et le paradis, les anges et les démons, les flammes dévorantes et les allégresses extatiques, la soif inextinguible dans le désert, ou le repos dans l'oasis des éternelles béatitudes ! La prédication catholique vit sur ces contrastes et ces antithèses, et elle amuse encore de grands enfants par ses oppositions entre les ruisseaux de lait du paradis et l'inexorable aridité du séjour infernal. L'égoïsme ignorant sera toujours la proie et la victime du despotisme théocratique.

CHAPITRE III.

DOCTRINE POSITIVE SUR LE MORAL HUMAIN.

Après avoir prouvé contre Locke, Condillac, Hume, Helvétius et les métaphysiciens à leur suite, que la porte des sens n'est pas suffisante pour faire entrer nos acquisitions morales et intellectuelles et pour expliquer tout ce que les animaux, comme nous, présentent sous ce rapport à l'observation, la philosophie positive a voulu connaître à quelles conditions nos divers penchants, nos instincts, nos impulsions et les diverses industries des animaux peuvent se manifester.

Nous voyons parfaitement la prudence du chamois, de l'oie sauvage et du phoque, qui posent des sentinelles et des vigies dans les courses et les repos ; nous admirons les demeures ingénieuses que se construisent le castor, le lapin et tous les oiseaux ; nous observons, pour notre instruction, les migrations et les retours fidèles de l'hirondelle, de la cigogne, de la caille et de la bécasse ; l'homme pourrait prendre des leçons devant les procédés si maternels des femelles pour leurs petits. D'autre part, comment s'explique-t-on la sociabilité des corneilles et les habitudes solitaires de la pie, les préférences jalouses d'un coq ou d'un taureau, à côté des banales complaisances des poules ou des vaches ? Pourquoi, chez certains animaux, tantôt la timidité, tantôt la ruse, le courage, la fierté, la douceur et la férocité, selon les espèces et les conformations ? Est-ce une mesure inégale de ce qu'on nomme l'attention, la réflexion et l'induction, qui peut fournir des attributs moraux si opposés ? Mais alors, pourquoi chaque espèce distincte porterait-elle l'attention, la réflexion et l'induction de tout l'appareil encéphalique sur un point déterminé pour chacune d'elles, et où trouver cette source inépuisable qui alimente incessamment les spécialités fonctionnelles des animaux et des hommes moraux et intelligents ?

Si l'éducation perfectionne, détériore, comprime ou dirige nos facultés fondamentales ; s'il est même vrai que l'oiseau apprenne de ses parents à construire son nid, et que le jeune renard soit mené par son père à l'école de la rapine comme on enseigne aux chiens des tours d'adresse et aux ânes des problèmes de chiffres, jamais, malgré tout cela, on ne fera apparaître chez l'homme ou chez les animaux, aucune qualité ou aptitude en dehors de certaines limites assignées à leur organisation et connues par l'expérience.

La cohabitation domestique en usage pour les animaux que nous élevons, ne les entraîne point à s'imiter réciproquement : il est proverbial qu'une poule qui a couvé des canards ne peut ni les empêcher d'aller à l'eau, ni se décider à y aller elle-même. Où sont les précepteurs qui ont appris aux scarabées à contrefaire les morts pour échapper à l'ennemi qui les a menacés? On ne saurait non plus soutenir que ces instincts sont renfermés dans de strictes proportions mathématiques : G. Leroy a prouvé combien l'expérience et les nécessités ajoutent aux ressources des animaux. La vache de Dupont de Nemours, qui, seule de son troupeau, savait faire sauter la clôture d'une pâture, et qui procurait seule à ses compagnes attentives une augmentation de pitance, montrait une élasticité instinctive et intellectuelle, inexplicable aux cartésiens ; l'histoire du chien de Coste, traducteur de Looke, est peut-être apocryphe, mais chacun de nous a des exemples équivalents à citer de l'habileté de cet animal qui, dans l'hiver, lorsqu'il n'avait plus sa place au foyer, allait aboyer dans la cour pour y faire venir ses naïfs camarades, et reprendre son coin du feu qui lui était rendu ; les éléphants sont aussi très-progressifs dans leurs manifestations, et on a recueilli des milliers d'observations sur leurs aptitudes morales qui pourraient servir à l'édification de l'espèce humaine ; toutefois, si chez eux et chez nous, les passions et les sentiments ne se sont pas montrés indistinctement sous une spéciale influence, et par une provocation artificielle, leur spontanéité seule est sensible, réelle et corrélative à leur objet.

Herder dit, avec l'exactitude de la métaphysique qui ne sort pas de ses prémisses : « L'éducation a lieu par l'imi» tation et par le passage de l'original à la copie ; cela
» suppose que l'imitateur doit avoir la faculté de recevoir
» ce qui lui est communiqué, et de le transformer dans
» sa nature, comme les mets dont il se nourrit ; mais la
» manière et le moyen par lesquels il se l'approprie, voilà

» ce qui ne peut se déterminer que par les facultés de
» celui qui reçoit. Il suit de là que notre éducation est le
» produit d'une double action : 1° action de celui qui la
» donne, 2° action de celui qui la reçoit. »

Helvétius avait tort de soutenir qu'avec l'innéité de nos facultés, il n'y aurait rien à changer en nous par l'éducation ; il confondait ce qu'elle modifie avec ce qu'il pensait qu'elle aspire à créer de toutes pièces. L'individualité du caractère se montre de mille manières et s'assimile d'une façon variable aux divers âges de la vie, les évènements mobiles dont elle est remplie.

C'est précisément cette énergique autonomie qui produit les grands hommes, qui fait sortir Moïse, David et Sixte-Quint de la tente où ils gardaient le bétail, pour les mettre à la tête de l'humanité. Tacite a pu exonérer de tout reproche les deux instituteurs de Néron. La spécialité des aptitudes éclate sous les entraves de la fatalité. Louis XVI forge l'armoire de fer qui le trahira dans ses trahisons. — Vaucanson, enfermé dans une pièce d'entrée pendant que sa mère s'entretenait avec un confesseur, étudie pendant une heure l'horloge qu'il reproduit avec un mauvais couteau d'écolier. Ces mots : « *sua quemque voluptas* » sont de pure observation physiologique, plutôt que d'invention poétique.

L'innéité amoureuse est incontestable, mais les qualités, les passions ou les vices qui en accompagnent l'évolution, sont le produit du concours que lui prêtent des organes voisins et aussi fondamentaux qu'elle-même.

Si Helvétius n'a point trouvé de fille idiote que l'amour n'ait rendue spirituelle, c'est, comme répond Gall avec malice, que lorsqu'Helvétius était amoureux, il trouvait de l'esprit à toutes les filles.

A toutes les pages, déjà nombreuses, de l'histoire, on trouve les mêmes passions se développant avec plus ou moins de lutte ou d'harmonie, selon les résistances ou les facilités que nos instincts rencontrent dans leur expansion ; mais toute la vie humaine, privée ou collective, est contenue dans un même épanouissement des mêmes facultés primitives.

L'instinct juridique le plus lent dans son progrès nous porte à l'affirmation énergique de la nécessité de l'équilibre matériel et moral dans les lois de ce monde. L'amour de la gloire, le besoin d'approbation, l'entraînement sympathique, l'amitié, la bienveillance, l'attachement pour l'enfance ou la faiblesse, le respect pour le mérite, et la force mentale ; tout cela est spontané, individuel et autonomique ; et, par l'action et la réaction de nos penchants, nous trouvons à sanctionner toutes les phénomalités de notre être social, aux points de vue les plus variés de la morale physiologique.

Looke se trompe en alléguant l'absence des passions dans l'enfance, pour conclure à l'éventualité accidentelle de nos penchants : les enfants accusent très-spontanément les réactions passionnelles dont leur organisme est le point de départ ; les symptômes seuls dépendent du milieu où ils sont placés. Le sauvage de l'Aveyron, confié, en 1818, au docteur Itard, était tout simplement un idiot dont les manifestations physiologiques ne pouvaient être qu'exceptionnelles. Quant aux animaux, on n'est jamais autorisé à les distraire de l'observation qui conduit à la notion des facultés cérébrales à laquelle ils fournissent très-légitimement un contingent fort utile : de ce qu'ils n'accomplissent pas, en naissant, les diverses actions spéciales qui les caractérisent, pourrait-on nier chez eux l'innéité des dispositions instinctives et morales qu'ils accusent ultérieurement ? et Looke est-il bien avisé de se tirer de cette difficulté en disant « qu'il n'écrit pas une philosophie des » animaux. ? » — Le développement des fonctions cérébrales se fait tantôt d'une façon harmonique avec les fonctions plastiques, tantôt il les dépasse et quelquefois il est retardé.

Les biographes du père Mabillon disent qu'il était très-borné dans son enfance et qu'il ne devint intelligent qu'après une grave blessure à la tête ; semblable chose serait arrivée à Grétry, dont le génie musical se développa dans la convalescence, à la suite d'une contusion du cerveau par une pièce de charpente.

Il n'y a rien de juste dans les accusations de multiple matérialisme qu'on oppose à la doctrine de la pluralité organique. 1° On prétend que la doctrine de Gall enseigne l'existence unique de la matière, en dehors de l'hypothèse d'un Dieu qui n'aurait pas tiré le monde du *néant*, incompréhensible notion que nous impose la théologie fesant de la cause des causes, de la loi des lois, de l'intelligence des intelligences, de l'ordonnateur de tous les ordres, un Créateur de *tout* avec *rien* : « *Omnia creavit ex nihilo*. » 2° On soutient que Gall enseigne l'identité primitive des deux substances opposées, matérielle et spirituelle, dont les éléments également indestructibles (s'il y a des éléments pour les substances spirituelles ou même des substances spirituelles quelconques) permettraient de dire que l'âme comme le corps peuvent être également anéantis, et qu'il n'y a pas prépondérance d'action de l'une ou de l'autre sur l'un des deux. Or, dans ces conditions, la pensée pourrait être considérée comme une propriété de la matière, puisque le catholicisme proclame l'immortalité de notre matière. 3° Enfin, on reproche à la doctrine biologique moderne des facultés cérébrales, d'établir négativement la notion de l'âme et du corps, en fesant, pour l'âme, abstraction des qualités substantielles, et pour le corps abstraction des propriétés qui définissent l'essence immatérielle. Voici comment Gall se dégage de ces objections : il appelle organe, la condition physique d'où dépend la manifestation d'une faculté, et, sans se prononcer sur les réalités absolument nécessaires à l'exercice fonctionnel, il dit que, dans cette vie, l'homme pense, veut et agit par le moyen du cerveau.

Cela n'équivaut pas à soutenir que le cerveau soit tout l'être pensant. Il est inutile de confondre la faculté avec l'organe et l'organe avec la faculté, car alors on se prive d'un moyen didactique très-précieux pour la notion philosophique du moi et du non-moi et de leur double phénoménalité : Voilà une concession qui sera agréable à la métaphysique.

Déjà, ceux qui font cette confusion de la faculté avec l'instrument, saint Thomas répondait : « Quoique l'esprit ne
» soit pas une faculté corporelle, les fonctions de l'esprit,
» comme la mémoire, la pensée, l'imagination, ne peuvent
» avoir lieu sans l'aide d'organes corporels ; c'est pourquoi
» si les organes sont, par un dérangement, hors de leur
» état d'activité, les fonctions de l'esprit sont dérangées,
» et c'est pour cette raison qu'une organisation heureuse
» du corps humain a toujours pour résultat des facultés

» intellectuelles distinguées. » (*Contrà Gentiles*, c. 8, n° 9.)

Depuis Salomon jusqu'à Herder et Gall, en passant par saint Paul et saint Augustin, on admet que le corps tout entier ou le cerveau, par totalité ou par portions, servent d'instrument aux fonctions intellectuelles et morales, et, soit qu'on divise le cerveau, soit qu'on divise l'âme, le premier en plusieurs organes, la seconde en plusieurs facultés, soit qu'on soutienne que ces divisions sont de simples modifications d'une unité première, matérielle ou abstraite, le résultat est le même, et tout aboutit à une signification concrète de l'idée qu'on veut exprimer.

D'ailleurs, la doctrine de la multiplicité des organes cérébraux implique, comme celle de l'unité spirituelle, les mêmes distinctions fonctionnelles, et Gall peut repousser ou admettre également, dans les deux cas, la fatalité qu'on oppose à son prétendu matérialisme.

Et d'abord, de quelle fatalité veut-on parler? Est-ce de cette nécessité aveugle qui ne suppose aucun rapport entre les choses, aucune loi au-dessus des phénomènes, aucune subordination corrélative dans la succession des faits? La doctrine de l'innéité multiple des facultés n'a aucun rapport avec une telle fatalité, puisqu'elle procède précisément de la dépendance qui existe entre l'organe et la fonction. S'agit-il de cette domination inexorable accaparée par une providence ayant d'avance réglé nos actes et notre destinée, sans permettre l'intervention du libre arbitre et du choix moral? La doctrine avoue que nous subissons plusieurs nécessités cosmiques et sociales, héréditaires et biologiques; nous naissons avec un sexe mâle ou femelle, avec une constitution faible ou forte, avec une intelligence moyenne ou distinguée. Nos sens nous mettent forcément en rapport avec des milieux spéciaux et déterminés. Il ne dépend pas de notre fantaisie, comme l'observe Destutt de Tracy, d'être affecté d'une chose grande, de même que si elle était petite, d'une chose bonne comme si elle était mauvaise, d'une chose vraie comme si elle était fausse, ce qui détruirait pour nous, vis-à-vis du monde extérieur, toute réalité et toute certitude. Il est également incontestable que le climat, le gouvernement, la fortune, les préjugés en vigueur constituent pour chaque existence un centre fatal dans lequel se meut, sous des conditions relatives, notre liberté circonscrite; s'en suit-il que nous doutions de cette liberté, dans le domaine du possible, au physique et au moral, et notre perpétuel effort pour élargir ce domaine n'est-il pas la preuve que nous ne saurions renoncer à l'affirmation de notre autonomie? Toutes les limites à notre expansion sont dans l'absolu immense, impénétrable et incognoscible vers lequel nous avançons sans cesse, avec la conscience de son inexorable résistance vis-à-vis des aspirations insensées qui veulent le réduire en réalités théocratiques ou théogoniques.

Le système clérical de la grâce place en Dieu l'entrave à la connaissance ou à la possession de la destinée céleste qu'il nous réserve intégralement à tous, tandis qu'il répartit, ici bas, l'inégalité provisoire des biens du corps et de l'esprit; quoiqu'il en soit, toutes les sectes religieuses établissent *à priori* la distinction du bien et du mal moral, et on prétend que la doctrine de l'innéité cérébrale admet schismatiquement des penchans nuisibles, des impulsions physiques vers le mal ! — Contradiction !

Nous répétons encore une fois que dans la nature le mal n'existe pas substantiellement. Eusèbe, Philon, St.-Augustin, reconnaissent que la matière n'est pas méchante par elle-même, qu'elle n'est pas la cause immédiate du mal, lequel réside seulement dans les actions et dans l'usage fâcheux des facultés originelles : Cependant, le catéchisme de 1806, à l'usage des églises de l'Empire Français, soutient (p. 23), « que nous sommes tous pécheurs et enclins au mal, » Gall pouvait donc bien ajouter à cette découverte : que, soit l'exemple, soit la nature, soit l'abus de la liberté, partout et toujours on entend le juste se plaindre des mauvaises actions de l'homme indéfiniment envieux, menteur, avare, impur, voleur et meurtrier, parce que l'exercice de ses facultés primitives est indéfiniment livré aux oscillations extrêmes du bien et du mal qui remplissent notre existence mal assise.

Qui donc ne gémit sur cette impossibilité du bien, dont l'image consolante et l'illusion séduisante encouragent les âmes pures ! qui donc manque de reconnaître avec amertume, cette lutte intestine de nos facultés et ne crie avec la douleur d'un St.-Paul : « Je ne fais pas le bien que je veux et je fais le mal que je ne veux pas ! »

Cet antagonisme de souffrance et de joie, ces alternatives perpétuelles d'exaltation et de refoulement, de production et d'anéantissement, ces surprises du malheur qui enveloppent les hommes comme le filet prend le poisson, tout cela existe dans les nécessités organiques du monde et dans les conditions réfractaires bien souvent à nos efforts vers l'équilibre et l'harmonie : nous savons tous cela !... Mais quand les théologiens nous disent que nos vices et nos vertus, nos malheurs et nos crimes, entrent dans les plans de l'éternelle providence, et que la faculté de choisir entre le bien et le mal implique les suggestions de la concupiscence, de même que la punition prévue, suppose la possibilité de résister en temps opportun, ils établissent un fatalisme incontestable : c'est cependant leur vraie doctrine « *posse peccare datum est primo homini,* » dit St.-Bernard dans son traité du libre-arbitre : « *Non ut proïndè peccaret sed ut gloriosior appareret* » *si non peccaret qui posset peccare ;* » St.-Ambroise ajoute : « *Non virtus est non posse peccare,* » nous sommes donc prédestinés à l'épreuve du bien et du mal, selon l'orthodoxie religieuse.

La découverte des facultés multiples du cerveau, au contraire, fait évanouir le principe des mauvais penchans avec lequel on ne craint pas de glorifier Dieu et sa générosité distributive, de sorte que la crainte ou l'espérance du futur n'est pas corrélativement adhérente avec de bonnes ou mauvaises passions.

Mais on ne veut pas en théologie, que ce cerveau contienne les inclinations perverses qu'on admet à l'occasion du péché originel, sans dire d'où elles partent et qui constituent pour nous, en dehors de toute qualification juridique anticipée, l'évolution anormale de nos facultés primitives et fondamentales.

Ce n'est pas dans l'homme seul que souffre la nature animée ; il y a des tourments pour les animaux, comme des désordres dans la vie des végétaux et dans l'agglomération des minéraux ; peut-on dire que les pauvres animaux qui meurent décimés par la faim, la guerre, la barbarie, la concurrence et les épizooties, avaient mangé du foin défendu ?

Il n'est pas difficile d'analyser avec les notions de la physiologie, comment nos dispositions primitivement conformes à l'accomplissement de notre destinée, dégénèrent, s'atrophient ou s'exaltent, et par leurs modifications se traduisent en actes difformes et anormaux. Si les parties intégrantes du cerveau étaient entre elles dans un rapport de développement et de composition statique et dynamique bien équilibré, on ne pourrait faire cette distinction si universellement adopté, des caractères différents ou opposés, distinction qui repose sur la prépondérance active de certains instincts. L'organe cérébral correspondant à la propagation est-il peu développé, il y aura pour l'individu une occasion facile d'échapper aux excitations fonctionnelles de ce penchant qui inquiète tant la chaste orthodoxie !

On voit l'amour pour les enfants parcourir chez les mères tous les dégrès qui séparent l'abnégation de l'égoïsme et l'exaltation de l'indifférence la plus complète, on a vu certains individus condamnés par les circonstances au célibat ou à la stérilité, soustraire des enfants et chercher à se les approprier pour combler le vide d'un instinct en souffrance : on observe toujours par deux effets contraires, l'unique réalité d'un penchant qui présente sa double physiologie dynamique du plus ou du moins. Qu'est-ce que le courage et la poltronnerie sinon le même sentiment qui tantôt fournit l'initiative de la défense, et tantôt soustrait les forces dans les conditions semblables de la protection individuelle qu'on est impuissant à couvrir ou dont on dépasse les nécessités actuelles ?

Qu'est-ce que l'usure, la fraude, la venalité, l'escroquerie, le vol ? sinon les nuances très-écartées du même instinct de la propriété, empruntant aux diverses facultés cérébrales un concours plus ou moins important qui permet les déviations funestes dont nous parlons.

Subir les flatteries, montrer de l'ostentation, afficher le luxe, être insolent ou présomptueux, c'est donner à la fonction de l'*estime de soi*, des proportions qu'elle ne doit pas connaître et qu'il est possible de lui retirer par la prépondérance volontaire des facultés voisines qui peuvent atténuer les énergies malheureuses de celle-là. Mais ni les exagérations, ni les insuffisances, ni les modifications fonctionnelles de nos facultés primitives ne peuvent être considérées comme irrésistibles puisqu'elles sont précisément des oscillations et qu'elles représentent le contraire de ce qui est fatal et fixé fatalement.

Les métaphysiciens et les théologiens accordent ou retirent à l'homme la liberté d'une manière trop absolue. Quand l'homme serait l'image de Dieu, la liberté humaine serait loin d'être illimitée ; nous n'avons aucune puissance sur la durée physiologique de notre existence, sur notre tempérament, ni sur les conditions absolues de temps et de lieux qui nous conviennent ; nous n'avons pas non plus cette liberté qui nous ferait agir sans mobile ou sans motif, c'est-à-dire sans cause, car l'enchaînement des phénomènes avec la superposition des lois qui y sont adhérentes, tout cela implique contradiction avec la notion d'une liberté sans causes, d'une liberté à la fois raisonnable et déraisonnable, juste et injuste, limitée et illimitée, d'une liberté qui nous exposerait indistinctement au bien et au mal, à l'amour et à la haine, au mouvement et au repos.

Si le libre arbitre est une force réelle et essentielle, la nature extérieure par ses réalités non moins certaines lui sert d'antithèse et d'antinomie. Kant et Fuerbach ont raison de professer que nous ne sommes absolument libres qu'au point de vue spéculatif. Il ne faut pas prendre pour une preuve sensible de liberté entière, ce bien-être qui accompagne l'accomplissement de certains désirs inspirés ou déterminés par notre organisation. C'est sans contrainte, il est vrai, que nous nous livrons à l'amour et que nous nous dirigeons vers les aliments convenables à notre santé ; la brebis broute librement l'herbe, tandis que le tigre déchire avec la même liberté des chairs vivantes ; mais tous les animaux n'en sont pas moins renfermés dans des nécessités limitatives d'un pouvoir absolu.

Les jugements variés exprimés sur un même objet par diverses personnes, sont, selon l'observation de Lamark dans sa zoologie philosophique, moins dus à une liberté de détermination qu'à la quantité d'éléments opposés qui concourent à la formule de ces jugements. Le sentiment de notre liberté vient souvent nous envahir par illusion, lorsque les fils secrets qui unissent les effets et les causes nous échappent, et font de nous des êtres déterminés et non déterminants.

Soyons encore heureux sinon fiers de cette liberté morale qui est la faculté de délibérer avant d'agir et de céder à des motifs ; c'est la seule liberté sur laquelle les philosophes, les jurisconsultes et même les théologiens appellent les Dictées de notre conscience ; leur principal objet et leur première prétention étant de nous donner les raisons les plus importantes de notre conduite.

Or, cette liberté morale est très-conciliable avec l'innéité de nos facultés et les exigences matérielles de leur développement.

Chaque organe de faculté fournit, rappelle et représente un penchant, une sensation et une suite d'idées corrélatives, la tendance de cette faculté organique, c'est la spontanéité humaine, le désir ou la volonté de s'assimiler ce qu'on n'a pas encore ou ce qu'on n'a déjà plus. Un seul organe cérébral nous conduirait à une seule espèce d'activité qui rendrait bientôt nulle ou inutile notre liberté même. Plusieurs organes en corrélation sympathique et parallèlement coexistants, fournissent au contraire une résultante moyenne, représentée par la détermination volontaire dans l'unité.

Un chien revient affamé d'une excursion de chasse et voit sa pâtée préparée ; on fait passer un lièvre sous ses yeux, il le poursuit ; on le corrige. Les mêmes circonstances se reproduisent, l'animal palpite, tremble, hésite, mais il reste à sa pâtée. S'il n'avait que l'impulsion de la faim, on ne le verrait pas si troublé ; mais il est chasseur, il aime à poursuivre le gibier, il perçoit une double série de sensations et d'idées, et l'unité qu'il dégage de cette somme d'entraves à son activité volontaire, c'est son produit moral, c'est sa spontanéité autonomique. Quoique les motifs d'unité ne soient pas d'un ordre élevé et qu'il s'agisse d'un animal, la décision unitaire, provenant de l'examen, s'impose comme une synthèse, comme une résultante et une équation, sans l'intervention d'une force ontologique appelée Raison ou volonté, mais à la manière d'un résultat dynamique ou mathématique.

Dans tous les cas, le sens soit biologique, soit métaphysique de cette décision, est le même ; il aboutit à l'exégèse ou à la détermination du moi humain qui cherche sa voie, sa satisfaction, et la mesure de ce que les religieux appellent son bonheur : « Tous les hommes, dit Pascal, » désirent d'être heureux, cela est sans exception ; la » volonté ne fait jamais la moindre démarche que vers cet » objet. C'est le motif de toutes les actions de tous les » hommes, jusqu'à ceux qui se pendent et qui se tuent. (*Pensées sur la Religion*, p. 162).

Le Catéchisme Français Impérial de 1806, page 22, fait à l'élève cette demande : « Quelles facultés sentez-vous en vous-même ? » et l'élève donne pour réponse deux » facultés principales : la faculté de connaître et la faculté » de vouloir ou de me porter à ce qui me *plaît*. » Nous jouissons donc, de l'aveu de tous, d'une liberté subordonnée aux lois de la nature, adossée sans révolte utile aux fatalités cosmiques, et cette liberté satisfait l'homme dans sa raison et dans sa dignité. Soutenir que la vertu doit être notre but, c'est encore donner à cette liberté des motifs de conformité avec les conditions de notre organisme, dans lequel nous trouvons des limites ou des encouragements. Plus de talents, plus d'éducation, et un milieu favorable, imposent aux uns plus de vertus, tandis que ceux-là auront une liberté morale plus restreinte et plus précaire et moins de vertus à fournir, qui seront fatalement placés dans la misère et l'ignorance, aux prises avec des instincts dominateurs et en butte à toutes leurs suggestions.

Ces instincts que nous appelons aussi facultés primitives et cérébrales, comment les métaphysiciens expliquent-ils leur explosion avec leur organologie abstraite qui lie l'âme au corps au moyen de l'attention, de la mémoire, de l'imagination et de la volonté ?

Nous n'avons aucune notion possible de ce qui n'est pas pas matière, c'est donc une présomption de vouloir expliquer l'essence des forces premières et la cause absolue des phénomènes moraux ; nous ne pouvons que déterminer empiriquement et non rationnellement les conditions de l'accomplissement des faits biologiques : or, il y a une grande différence entre indiquer ces conditions ou les expliquer.

Pour arriver à la connaissance de la dynamique du cerveau, comme pour déterminer la mécanique du système musculaire, on peut, dans le premier cas, négliger la question de l'âme, comme dans le second on néglige la question de *l'irritabilité*.

Après les aveux successifs de Descartes, de Kant, de Herder et de Bonnet, qui pensait malgré son spiritualisme, « qu'on pourrait lire un jour dans le cerveau comme dans » un livre, et que le nombre prodigieux d'organes infini» ment petits, appropriés au sentiment et à la pensée, » serait, pour l'intelligence éclairée par cette étude, ce que » sont pour nous, les caractères d'imprimerie. » (*Palingenesie Philosophique*, t. 1, page 22), après tant de dissections et de recherches d'anatomie pathologique, on ne comprend pas l'aversion qui règne, en certains, lieux contre la physiologie du cerveau.

Lorsque Gall commença à faire une collection de têtes, ce fut un scandale considérable ; on vit un ministre de Napoléon Ier défendre à l'immortel savant de parler en public sur le cerveau d'un poëte « parce que cela n'était pas dans les mœurs françaises » il n'était pas sans doute non plus dans les mœurs d'Athènes que Democrite cherchât sur les cadavres la cause de la folie.

Il est cependant bien acquis à la moderne science dirigée par l'expérience et l'observation, 1° que dans l'homme et les animaux, toutes les fonctions de l'ordre intellectuel et moral sont subordonnées au cerveau. 2° Que le cerveau, s'il est pressé, pénétré, divisé ou contus, modifie, paralyse ou anéantit, spécialement ou généralement, les diverses fonctions de l'intelligence et du sentiment. 3° Que les affections morales ou passions qui retentissent sur l'économie entière, comme la mélancolie, l'hypocondrie, le penchant au suicide, ont leur point de départ dans le cerveau. 4° Que sans la présence et l'intervention libre du cerveau, il n'y a ni perception, ni sensation, ni idées, ni sensibilité, ni douleurs, ni jouissances. 5° Que la nature s'élevant d'échelon en échelon dans la série des êtres, fait marcher parallèlement leur double complication statique et dynamique, de façon qu'en y ajoutant d'une manière progressive certaines parties, elle fait d'un cerveau d'insecte, un cerveau de poisson, d'un cerveau de poisson un cerveau d'oiseau, et d'un cerveau d'oiseau un cerveau de mammifère. 6° Que le cerveau de l'homme présente seul, quant au volume et à la structure, le **volume absolument et relativement supérieur et la structure relativement plus compliquée** eu égard aux autres

parties, ce qui correspond à la variété de ses fonctions.
7° Qu'il est impossible de reconnaitre dans la complexité de la texture cérébrale, un centre quelconque, accaparant l'unité anatomique de ses fibres, ou faisceaux de fibres, et réalisant une synthèse fonctionnelle au lieu de consacrer une division dans les instincts évidemment indépendants. 8° Que s'il est actuellement difficile d'indiquer avec précision la topographie et les limites des divers organes contenus dans le cerveau avec leurs attributions fonctionnelles, cette physiologie incomplète n'inplique pas un démenti ni une erreur de doctrine. On n'a jamais exigé une ligne de démarcation rigoureuse des nerfs sensoriaux *intrà et extrà cranicens*, quoique jamais on n'ait mis en doute les rapports établis entre la jonction des sens et des appareils où ils s'épanouissent. 9° Les modalités fonctionnelles du cerveau empruntent aux langues toujours mobiles et progressives, une dénomination dialectique nécessairement variable, selon la richesse des idiomes et des vocabulaires ; et il s'ensuit que la correspondance des termes et la valeur des mots, n'est ni univoque ni spécifique, quand il s'agit de traduire toutes les données de la biologie expérimentale.

L'emploi des procédés purement objectifs de la méthode positive, se concilie difficilement avec les habitudes dont la science philosophique et médicale est encore empreinte. L'illustre auteur de la philosophie nouvelle pour laquelle nous travaillons, ne croyait pas toutefois que les méthodes ancienne et moderne, c'est-à-dire subjective et objective, fussent absolument inconciliables. Il pensait que la théologie n'a pas seule droit à l'emploi de la logique subjective, et que si l'on renonce à poursuivre les causes premières pour se réserver la seule découverte des lois les plus générales, la méthode métaphysique en nous plaçant alors à un point de vue pleinement universel, conquiert la positivité qui lui manquait. (*Politique Positive*, t. 1, page 416). Auguste Comte, a peut-être confondu les attributs essentiels des deux méthodes, et il a pris en particulier pour un procédé subjectif ce qui n'est qu'un emploi de la déduction expérimentale, soit intuitive comme dans les mathématiques, soit synthétique comme dans la physique pour la loi de la gravitation; mais, si l'on nous accorde que le point de vue universel est incontestablement fourni par l'histoire, et que l'étude de l'histoire comporte les procédés de la méthode déductive usitée dans les sciences, on avouera qu'il n'y a rien d'irrationnel dans l'emploi de la subjectivité ainsi comprise, pour aborder la morale et la sociologie.

A la vérité, cette faculté de déduction s'affaiblit avec l'ordre hiérarchique des sciences, ayant son maximum de puissance dans l'astronomie, elle est sans valeur sensible pour la science sociologique si compliquée et si nouvelle; mais difficulté n'est pas contradiction, faible concours n'est pas hostilité.

La doctrine des facultés cérébrales primitives, conçue sous l'empire d'une idée *à priori* qui attend sa vérification définitive, se pose comme une construction provisoire et incomplète, destinée à être modifiée selon le progrès de l'expérience biologique : Auguste Comte, en a tracé un tableau déjà différent de celui qu'avait proposé le docteur Gall ; mais le fond reste le même ; car l'évolution apparente de toutes nos facultés dans leur mesure normale et anormale à travers tous les temps historiques, ne laisse aucune place nouvelle à la manifestation d'une faculté inconnue, demandant pour un symptôme nouveau, une place et un nom également nouveaux.

Aux détracteurs de Gall qui prétendent que les applications tombent d'elles-mêmes, quand les principes ne peuvent être prouvés, et qui s'indignent qu'une vingtaine de portions de substance nerveuse matérialise l'âme sans respect pour le beau et le divin qui ne doivent pas adhérer à un morceau de cerveau, il convient de leur opposer les services immenses que toutes les conceptions *à priori* ont rendus à l'humanité à titre provisoire et hypothétique. Descartes, pour le profit suffisant de la science contemporaine de son génie, appliqua à l'explication du monde sidéral, sa célèbre supposition des tourbillons ; et si la loi de la gravitation newtonnienne la remplaça, ce fut par une filiation nécessaire et comme par l'hérédité dans le progrès. La notion des mouvements de la matière vient de l'hypothèse des forces qui semblaient présider à ces mouvements. De même si Broussais n'eût pas combattu l'essentialité fébrile en la réduisant à une gastro-entérite erronée, il nous eût fait manquer pour longtemps la connaissance de la localisation morbide en général, et de la dépendance des lois pathologiques a celles supérieures de la physiologie. On pourra rectifier successivement Gall, Spursheim et Auguste Comte, mais on respectera désormais les prémisses posées par ces maîtres comme ouvrant la véritable voie à la science biologique et morale.

Ceux qui veulent soustraire le cerveau à une rigoureuse

répartition en organes et en fonctions, disent que la masse encéphalique pourrait représenter non des actes spéciaux, mais des modalités fonctionnelles, assimilables, quant aux individus, à ces différences idyosyncrasiques qui ne supposent ni organes, ni fonctions particulières, bien qu'elles impliquent parmi les hommes des différences aussi réelles qu'inexpliquées.

Nous pensons d'abord que les idiosyncrasies intellectuelles et morales dont on parle, constituent ici précisément les modifications cérébrales accusées par les organes encéphaliques et qu'elles sont le produit d'une faculté faible ou forte, en correlation nécessaire avec les conditions statiques et dynamiques du cerveau.

Or, l'étude de la localisation de chaque faculté, n'est poursuivie que pour déterminer cette correlation entre l'organe et la fonction, ou entre les qualités et les modalités ; c'est ce rapport que l'observation de l'homme sain et malade doit fournir, et déjà l'anatomie et la physiologie se sont entendues pour déterminer les conditions principales de la science morale.

Ce ne fut pas pour la satisfaction d'imaginer ce qu'on ne pouvait comprendre, qu'on débuta en biologie par une désignation anticipée des fonctions mentales, sans support organique connu ; mais toujours parce que l'hypothèse se pose, dans les sciences expérimentales, devant l'esprit d'intuition, et qu'elle y demeure plus ou moins longtemps, malgré le besoin consciencieux de la remplacer par une réalité vérifiée.

A ces titres, le tableau cérébral d'Auguste Comte, consacre les grandes données du sens commun autant que les classifications subjectives des métaphysiciens moralistes, en reconnaissant ce ternaire si ancien : 1° le cœur; 2° l'esprit; 3° le caractère; c'est-à-dire le sentiment, la connaissance, et l'activité; c'est-à-dire encore les passions affectives, les qualités intellectuelles et les facultés motrices ou volontaires; il reconnait aussi, mais mieux, la grande distinction entre les instincts égoïstes et les instincts sympathiques; on retrouve enfin dans ce tableau la vieille physiologie améliorée d'Aristote, c'est-à-dire les trois parties, appetitive, cognoscitive et affective; les perceptions, les émotions, les impulsions.

La conscience théologique qui a produit Dieu avec l'intelligence, l'amour et la force, autrement dit avec le père, le fils et le saint-esprit, se retrouve, elle-même, dans la conception scientifique, appartenant en propre à la biologie.

L'abbé Bautain, qui tient à ce rapprochement, ajoute (page 357 de sa morale), « qu'il est impossible de s'élever
» à la connaissance des choses, sans la notion de ce ter-
» naire qui renferme l'unité dans la trinité, et une trinité
» dans toute unité; sans trois termes, pas de figure
» linéaire; sans trois dimensions, pas de corps; sans trois
» propositions, pas de raisonnement; sans trois sons
» élémentaires, pas d'accord parfait. »

L'ensemble de nos facultés cérébrales, rapportées aux trois ordres organo-dynamiques ci-dessus spécifiés, se décompose, pour nous, en dix-huit spécialités, instinctives, sentimentales, intellectuelles et pratiques, que nous allons brièvement énumérer.

1° Instinct nutritif. — Un animal n'existe et ne se maintient en possession de la vie, qu'à la condition d'accaparer les moyens alimentaires qui lui conviennent. L'instinct nutritif est donc cette faculté cérébrale à l'aide de laquelle l'homme obtient, surveille et conquiert son entretien. L'impérieuse et primordiale nécessité de cet instinct est assez manifeste pour caractériser l'animalité dans toute l'échelle des êtres, et exiger une place en tête de nos facultés primitives. Si nous cherchons quels sont les sentiments et les impulsions qui se rattachent à cette faculté et contribuent à lui assurer une persistante activité, nous trouverons que la prudence prévoyante comme les efforts de la violence ou de la ruse pour atteindre la proie sont les adjuvants qui procurent ses satisfactions.

Malgré la simplicité de sa destination qui semblerait devoir lui épargner les anomalies, les perversions et les déviations, cet instinct est susceptible d'entraîner dans ses excès comme par ses conditions négatives des perturbations importantes dans le moral et sur ce point la médecine et l'hygiène fournissent des renseignements très-authentiques.

2° Instinct sexuel. — La nature veut que la vie de l'individu s'étende à la vie de l'espèce, et que la première soit simplement l'occasion de la seconde, sa source inépuisable assurée. C'est pourquoi l'animal protégé dans sa croissance et parvenu à sa maturité, voit se développer son instinct sexuel qui préside à la conservation collective comme l'instinct nutritif commande à l'individualité en progrès ; il n'éclate dans le physique et le moral qu'avec le complément des forces plastiques ; mais il faut tenir compte de son importance latente, l'organisme ne montre pas à la fois tout son développement, plusieurs fonctions qui lui sont indispensables arrivent lentement à leur épanouissement ayant besoin d'une incubation plus lente et d'un point d'appui organique plus perfectionné.

La grande loi de l'extension de la vie individuelle à la vie de l'espèce est donc réalisée dans l'impulsion et l'action de l'instinct sexuel dont le siège est cérébral.

Il est certaines lésions du cerveau qui entraînent une modification correspondante dans les manifestations génésiques et toutes les facultés cérébrales concourent à exalter ou à atténuer ce penchant dont la prépondérance ne se fait que trop souvent sentir pour le repos général et particulier. Si pour l'honneur de notre espèce, la possession d'un sexe par l'autre n'est pas poursuivie avec une brutale et exclusive avidité, cela vient, en effet, de ce que rarement l'instinct sexuel agit seul et qu'il est modifié par l'association qu'il rencontre avec les passions voisines dont l'influence est marquée par le développement général. Depuis les tendresses platoniques jusqu'aux débauches des satyres, cet instinct parcourt une large échelle qui touche aux vices et aux vertus, aux illusions et à la satiété, qui remplit l'âme de regrets ou de satisfactions selon les concessions qu'il fait ou les pressions qu'il subit, et selon son isolement ou son mélange avec des impulsions qui sont pour lui un correctif ou un encouragement exclusif.

3° Instinct maternel. — C'est celui par lequel la nature assure la prospérité et les progrès de la progéniture. Nous le disons maternel parce qu'il unit très-manifestement et très-rapidement la mère et l'être procréé, mais la mère n'en a pas le monopole ; et en dépit des distractions opérées sur les hommes par d'autres penchants plus spécialement développés, certains hommes ressentent pour les enfants une telle sollicitude, un tel besoin de surveillance et de protection, qu'ils dépassent en cela les femmes, sans cesser sous d'autres rapports de remplir les attributions de leur sexe.

4° Instinct militaire. — Il ne faut pas s'étonner de voir figurer dans la nomenclature de nos facultés primitives l'instinct que, sans sortir du langage de la philosophie positive, nous appelons destructif ou militaire.

Il se dénonce dans la physiologie privée et collective de l'homme, dans l'histoire des peuples comme dans l'examen de chaque individu, par nos habitudes d'attaque, nos guerres, nos conquêtes, nos efforts de colonisation et d'installation. Il apparait dans les limites de ces dispositions comprises entre l'acharnement au carnage, ou l'apathique indifférence pour les souffrances et les pénibles travaux de nos semblables. Son inexorable fatalité est attestée par la nécessité d'une lutte contre les choses et par les résistances qu'offre le monde organique ou inorganique à nos progrès et à nos jouissances.

Ce n'est donc pas dans une prétendue perversité de l'homme qu'il faut chercher le point de départ de l'instinct militaire ou de destruction qui a, comme les autres, et à sa place hiérarchique, sa légitime prérogative parmi nos penchans naturels, s'exerçant non plus dans les conditions des guerres officielles et systématiques, mais pour nous garantir et agrandir nos acquisitions encore si imparfaites sur la nature physique ; il peut désormais et doit se montrer bienfaisant.

5° Instinct industriel ou de construction. — Ceux qui ont

voulu nier l'innéité cérébrale de nos fonctions primitives, ont subordonné leur apparition à des circonstances fortuites et déterminantes pour en expliquer l'explosion phénoménale. On a dit, par exemple, que l'instinct de la propriété n'existait pas chez les sauvages plus ou moins agglomérés, parce que, chez eux, on ne rencontre pas une organisation légale des richesses acquises, un bureau des titres pour les valeurs et les propriétés ; mais le plus ou moins grand perfectionnement d'une faculté ne prouve rien contre sa réalité fondamentale : dans la république des fourmis, chaque petit animal cède en travaillant à l'instinct de l'appropriation ; et le carnassier isolé enterre sa proie, pour la protéger contre des ennemis inconnus. On voit chez des animaux domestiques très-garantis, persister cette curieuse et authentique disposition.

Il n'y a d'ailleurs pas d'autres hommes sauvages que ceux qui ne sont pas encore enrichis par la civilisation morale et matérielle, et si l'on observe l'enfance sociale de l'homme, on y trouvera, au contraire, mieux précisé et mieux défini chacun des instincts dont nous nous occupons, instincts qui par les réactions de voisinage et la simultanéité d'évolution perdent dans l'homme civilisé l'exacte netteté du dessin primitif.

Cet instinct industriel ou mécanique nous pousse à édifier, à construire, à disposer des routes, des maisons, des magasins, des instruments et des machines plus ou moins compliquées. S'il fait suite à l'instinct militaire, ce n'est pas tant pour l'atténuer ou le corriger que pour le continuer et le compléter. Quand l'un aplanit le terrain, l'autre y amène des matériaux. Après la hache e la cognée, viennent l'équerre et le compas; après l'assaut l'ordre dans la place, après la destruction confuse, la symétrie coordonnée, la jouissance paisible et le travail facilité : le soldat devient laboureur et le pionnier se fait artisan,

Les créations de cet instinct sont quelquefois empreintes d'une spontanéité si originale qu'elles excitent la surprise et l'admiration. Le génie industriel et mécanique des Vaucanson, des Watt, des Jacquard, des Girard et des Breguet a produit des résultats merveilleux ou utiles dont l'histoire conserve le souvenir et les gages.

6° Orgueil ou ambition temporelle. — Nous sommes portés à nous élever au-dessus du niveau humain qui nous environne, par une incontestable disposition primitive à l'aide de laquelle nous nous efforçons en quelque sorte de découvrir plus d'horizons et d'embrasser plus de choses. D'abord vaguement porté sur un grand nombre d'objets, cet instinct cherche sa satisfaction au milieu des provocations les plus diverses; l'homme est alors d'une manière indéterminée, présomptueux, suffisant, impertinent, arrogant, insolent, parce qu'il fixe sa convoitise sur des sujets qui défient ses atteintes par leur portée, et devant lesquels il a plus ou moins conscience de sa faiblesse qu'il remplace par un mensonge de son esprit et de son cœur. Mais bientôt cette faculté se renferme dans des proportions plus pratiques, poursuit un but indiqué par les circonstances et obtient des résultats avouables. La société, en effet, consacre l'activité régulière de cet instinct par ses institutions hiérarchiques, par les distinctions partagées du pouvoir et par les emblêmes de la puissance qui se fait reconnaître aux seules apparences qu'elle revêt. On pourrait croire en voyant les hommes se contenter de futiles ovations, qu'ils sont victimes des suggestions sans valeur d'une vaine faculté ; mais la nature se sert utilement de cet instinct comme des autres. L'orgueil s'apaise ainsi sans qu'il en coûte à l'humanité de grands sacrifices, il obtient la soumission par un symbolisme qui devient l'équivalent d'une réalité difficile à imposer ; et la société accorde aux signes dont se revêt l'ambition temporelle une importance correspondante aux effets qu'elle veut en obtenir.

7° Ambition spirituelle ou *Vanité*. — C'est l'impulsion par laquelle nous recherchons l'approbation de nos semblables. Elle est voisine de la précédente mais ne se confond pas avec elle. L'orgueil s'impose, la vanité sollicite, l'orgueil veut posséder, la vanité tient à se répandre, ce sont des satisfactions sensibles que recherche sans scrupule et sans souci de l'opinion, l'Orgueil aux prises avec le monde, tandis que l'autre ambition se complait souvent dans les sentiments affectueux et doux, quand par exemple par la gracieuse parure de l'esprit et du corps, elle veut assurer ses triomphes ; et sans s'attacher au sens dévié par le langage vulgaire qu'on donne au mot *Vanité*, on peut dire qu'elle inspire heureusement la jeunesse et les artistes. Elle les conduit à trouver dans les formes du beau, délicates et tendres, de quoi séduire leurs semblables ; car ce que les jeunes gens et les artistes recueillent en louanges, en renommée, en honneurs, n'est que la récompense méritée à leurs efforts. C'est au désir de plaire, c'est-à-dire à cette ambition spirituelle, que nous devons les échanges sociaux de la bienveillance, 'adoucissement des mœurs et les délicatesses du luxe hospitalier.

8° De l'attachement.—L'homme est pourvu d'instincts égoïstes qui assurent heureusement sa destinée au milieu des luttes et des difficultés qui l'entourent ; mais il est également doué d'impulsions sociales qui lui font trouver en concourant à la vie des autres, le complément des satisfactions instinctives par lesquelles son existence collective se trouve garantie.

Un attrait puissant pour les relations avec ses pareils et un vif besoin de s'emparer des dispositions bienveillantes de son prochain, conduit l'homme à se livrer de dévouement, d'amitié et d'attachement avec une abnégation plus ou moins complète et réfléchie. La spontanéité de cet instinct n'est pas douteuse ; car on le voit fournir à l'existence des charmes un intérêt persistant que la passion érotique ne laisse pas toujours après elle, et l'on en rencontre les signes à travers toutes les nuances morales procurées par nos autres facultés, de façon que l'attachement se retrouve chez des gens dépravés d'une certaine manière, tout autant que chez les individus particulièrement vertueux.

9° De la vénération. — C'est cet instinct supérieur qui nous excite à entourer de respect, de crainte et de soumission, les représentants plus ou moins authentiques de la puissance légiférante que nous observons, ou que nous croyons exister hors la nature ; primitif comme les autres, il apparaît aux premières lueurs de l'histoire humaine, aussi bien qu'à l'époque actuelle et sous tous les régimes sociaux. La prétention particulière et spéciale des peuples et des individus aux bienfaits d'une providence qui se révèle et se formule si variablement pour les collectivités, ne prouve ni pour ni contre cet instinct dont l'essence primitive et cérébrale est attestée par des symptômes universels. Chaque religion se croit, il est vrai, autorisée exclusivement par sa foi et ses traditions ; chacune d'elles possède ses adeptes, ses fanatiques et au besoin ses martyrs ; c'est à ce prix qu'on les protège et qu'on les étend ; mais par cela même, chacune met la vérité absolue hors de cause et nous permet précisément d'expliquer comment l'instinct de la vénération et de l'idéal en se traduisant de l'humanité, y produit tant de bien et tant de mal et à la manière des autres facultés du cerveau, tant d'anomalies difficiles à régulariser par l'hygiène morale.

10° Bonté ou sympathie.—L'homme ne devait pas constituer un être solitaire et isolé dans la création, il n'est complété que par les penchants qui le convient à l'état collectif ; une abeille dans la communauté ne fera jamais une seconde cellule pour sa voisine ; mais l'individu humain ne se développerait pas s'il refusait son concours à la république des hommes. Un instinct large et fécond le pousse dans la grande famille, la vue de la souffrance provoque sa pitié, le cri de la douleur émeut ses entrailles, le récit d'une injustice révolte son cœur ; et si le spectacle d'une attaque cruelle, d'un attentat déplorable ou d'un malheur inopiné, le laissait impassible, froid ou même indifférent, c'en serait fait de l'humanité sur la terre. Au contraire, l'instinct de sympathie, se fortifie en s'étendant et sa prépondérance est en raison de la dépense qu'en font les hommes sur le théâtre de leur vie. Toutefois, son initiative inconsidérée, nous expose à de pénibles déceptions, nous sommes souvent dupes de nos avances, et beaucoup de généreuses natures ont à regretter des sacrifices qui ne sont compensés par aucune réciprocité bienveillante, c'est alors l'histoire des utopistes, qui livrent leur cœur et leur esprit à l'oubli et au dédain.

Avec les organes cérébraux qui précèdent, nous épuisons les diverses combinaisons qui donnent lieu aux manifestations morales individuelles et à la réalisation des besoins égoïstes. Mais, pour composer et constituer les facultés intellectuelles spéciales à notre espèce, d'autres organes étaient nécessaires, ils existent, et nous allons énumérer leurs attributs : l'intelligence est constitué par la conception et l'expression ; la conception est passive lorsqu'il s'agit d'une simple contemplation des objets extérieurs et que l'esprit s'assimile des matériaux purement objectifs. La conception est active quand la personnalité et le moi interviennent et se reconnaissent acteurs et sujets des représentations qu'ils opposent aux réalités sensibles extérieures. Une puissante faculté unit d'abord les fonctions intellectuelles aux autres facultés énumérées ; c'est l'esprit de synthèse.

11° Esprit de synthèse. — L'homme est conduit par cette fonction cérébrale à chercher la raison de ce qu'il voit, à découvrir les rapports des choses entre elles, leurs relations de causalité et la dépendance des effets successifs. Elle nous fait parcourir la série des phénomènes, comparés aux principes et aux conséquences qui les lient, et sert à fixer avec plus ou moins d'autorité des lois et des méthodes de classification.

12° Esprit d'analyse. — Cette fonction cérébrale, bien que placée tout près de la faculté synthétique s'en distingue essentiellement, puis qu'elle nous fait considérer dans les objets les rapports de différence au lieu des rapports d'analogie, et nous force à examiner leurs qualités spéciales et intrinsèques. C'est pourquoi on a pu faire sortir de cette faculté l'esprit de saillie; la critique, la causticité moqueuse qui éclatent dans un aperçu rapide des symptômes caractéristiques, fournis par les personnes ou les choses et dans l'énoncé bref des particularités qui les séparent.

13" Esprit de comparaison. — La tendance intellectuelle qui nous fait saisir et apprécier la liaison des évènements et l'enchainement des phénomènes, ne réside pas seulement dans l'esprit de synthèse ou de rapprochement; une faculté spéciale se charge d'interpréter les analogies et de substituer une image à une autre, en lui laissant momentanément la même valeur. C'est pourquoi l'esprit de comparaison sert beaucoup les poëtes qui racontent et décrivent, les philosophes qui raprochent et généralisent, et les savants qui cherchent et démontrent, parce qu'il multiplie pour tous, les moyens d'expression et qu'il satisfait aux exigences d'un travail d'abréviation par lequel on évite les répétitions des mêmes figures ou signes d'idée.

14° Esprit de coordination. — C'est une faculté assez relevée et assez importante pour avoir été distinguée par les phrénologistes sous le nom spécial d'esprit-métaphysique; cet esprit se traduit variablement; puisque certains individus coordonnent les phénomènes, en s'aidant de l'expérience et des observations, comme font les physiologistes, les physiciens et les naturalistes, tandis que d'autres établissant un antagonisme entre l'esprit et la matière, tout en considérant l'esprit comme une réalité, peuplent l'univers d'êtres fictifs.

Au lieu de voir dans la sensation et la perception des objets, une double modification de l'instrument cérébral par le milieu qui réagit sur lui, les uns construisent *à priori*, des types d'idées auxquels ils mesurent tous les produits intellectuels, pour décider s'il y a similitude, identité ou simple analogie avec ces entités modèles placées en dehors de nous et de la nature ; les autres s'en tiennent aux résultats concrets de la sensation et de la perception : les premiers sont les platoniciens, les seconds appartiennent à l'école de Locke et de Condillac : tous sont insuffisans.

15° De l'expression. — L'espèce humaine, sociable par excellence, possède nécessairement une fonction cérébrale dont l'exercice fait sortir les puissances affectives de leur état virtuel pour leur donner une suffisante manifestation.

Cette fonction met en jeu les signes, les gestes, la voix et l'écriture qui étendent à l'infini les relations des êtres entre eux, selon la mesure de leurs acquisitions sensitives et de leurs besoins de communication.

L'expression orale, l'expression écrite et l'expression mimique, chacune isolément, élèvent particulièrement la puissance humaine, par le développement qu'elles acquièrent.

La parole et l'agencement grammatical des mots est un attribut purement humain. Cependant les animaux ont dans l'intonation et la variété des cris, une capacité d'expression qui a sans doute plus de portée que nous ne pouvons le comprendre, et qui correspond à la fois aux sensations de peine et de plaisir qui les agitent, et aux rapports intellectuels qui les lient. On voit ainsi que le verbe, c'est-à-dire la parole, considéré comme le plus sublime témoignage de la spécialité de notre destinée, se rattache encore à une faculté primitive, dont les animaux possèdent le rudiment. Il n'est donc pas nécessaire d'invoquer pour expliquer la possession actuelle des langues, un don gratuit et tout spécial de la providence, puisque les langues se font progressivement, se modifient et sont proportionnelles, dans leur valeur, à notre richesse sensitive et à nos acquisitions intellectuelles.

Si un premier langage avait été confié en dépôt au premier homme pour correspondre avec ses descendants, pourquoi ce langage qui eut dû se maintenir intact et suffisant, se serait-il perdu, et aurait-il été remplacé par un si grand nombre d'idiomes distincts en qualités et avantages particuliers, selon les temps, les lieux, les climats et la civilisation ?

L'infinie diversité des langues s'explique précisément par la variété des peuples et par les différentes conditions qu'elles sont appelées à réaliser au profit des nationalités concurrentes et antagonistes dans la voie commune du progrès. Il est toutefois rationnel d'espérer qu'une seule langue reliera un jour les hommes dans un cosmopolitisme général, quand la fusion des intérêts, les initiations aux mêmes arts, aux mêmes sciences et aux mêmes industries, auront fait de tous les peuples un seul peuple, et de toutes les nations une seule unité.

L'écriture ou la parole destinées à féconder la contemplation des objets, à transformer l'abstrait en concret et à extraire les procédés usuels de l'induction et de la déduction des profondeurs de nos facultés cérébrales, devront traduire des idées de plus en plus générales et accuser, par un arrangement moins systématique des consonnes et voyelles, certaines communautés d'origine déjà sensibles dans les étymologies d'un grand nombre de mots.

Plusieurs acquisitions industrielles et artistiques d'un usage généralisé, font circuler dans toutes les langues modernes, les mêmes mots qui commencent le dictionnaire polyglotte de l'avenir.

L'expression orale et écrite trouve dans la mimique un concours très-utile et souvent très-éloquent. Elle constitue une faculté aussi remarquable qu'attrayante chez quelques individus, capables de reproduire avec perfection la démarche, le maintien et les allures physionomiques de ceux qu'ils observent; c'est à elle que les artistes [dramatiques doivent l'incalculable portée du jeu de la scène sur les sentiments et par suite les mœurs de la société où ils vivent.

Jusqu'à présent, parmi les facultés cérébrales dont les unes se rapportent essentiellement au développement spécial de l'individu, et les autres à ses relations collectives et à son progrès social, nous n'avons pas rencontré celles qui traduisent les qualités de l'intelligence et qu'on désigne sous les noms de mémoire, jugement et imagination. C'est qu'en effet, ainsi que nous l'avons dit et comme nous le répéterons encore, la mémoire, le jugement, l'imagination n'existent pas en tant que facultés spéciales et primitives dans le cerveau ; elles ne peuvent représenter directement aucune émotion sensitive déterminée, ce sont des attributs qui accompagnent et encouragent nos sensations instinctives dans leur importance et leur durée. Elles dépendent de l'esprit de synthèse et d'analyse, de l'esprit de comparaison et de coordination.

Dans toutes les manifestations cérébrales, notre intelligence est à la fois active et passive : le milieu dans lequel agit l'organisme fournit le côté objectif dont l'assimilation par l'intelligence procure le côté subjectif. La notion d'un fait quelconque ne devient réelle et efficace, que par la réitération d'impressions successives, et par leur réaction sur les facultés qui sont sollicitées à donner un jugement. Sans cette réaction, point d'activité intellectuelle possible : la contemplation du moi isolé du milieu qui le supporte a toujours été une abstraction métaphysique sans valeur. Le souvenir ou la mémoire sont les combinaisons par induction et déduction, par synthèse et analyse de nos différentes perceptions sensitives. Les constructions de l'imagination se font en associant avec la mémoire toutes les combinaisons produites par l'activité de nos fonctions spéculatives, ce qui explique l'effort long et laborieux de l'intelligence pour compléter les résultats qui les représentent.

Les dix premières facultés cérébrales que nous avons énumérées, représentaient nos impulsions animales s'exerçant sous l'influence principale des sensations diverses, destinées à combler les besoins les plus individuels et pressants : les cinq suivantes nous ont montré l'action intervenante de l'intelligence, qui modifie et utilise, classe et coordonne nos dispositions instinctives. Mais, après la sollicitation de nos penchants, après la direction spéculative donnée par les fonctions intellectuelles, il faut une réalisation pratique, une formule extérieure ; on les trouve dans les trois dernières facultés primitives qui nous restent à examiner.

16° Courage. — Une impulsion a lieu, l'instinct a parlé, l'intelligence va exercer son contrôle et ses modifications ; mais quelle sera la conclusion si l'individu n'a pas à sa disposition une spontanéité pratique, une résolution active et s'il ne s'oublie pas un instant dans ses intérêts immédiats et secondaires pour entrer dans l'action et le mouvement? Le courage existe à des degrés très-variables ; son extrême faiblesse s'appelle poltronnerie, son énergie surabondante se nomme témérité. On n'est pas facilement courageux par les conseils ou les exemples, par les pénalités ou par les récompenses. On l'est surtout par le fait de sa constitution cérébrale ; et souvent le courage qui paraît spontané et spécialement correspondant à une impulsion, n'est qu'un emprunt que fait la faculté qui nous occupe aux facultés voisines, lesquelles procurent des suggestions encourageantes pour la faiblesse de l'impulsion courageuse.

17° La prudence.— Il n'est pas donné à l'homme de vivre seul, même dans le plus court moment de sa vie, il lui faut donc une faculté capable de conjurer les éventualités compromettantes d'un milieu hostile à sa sécurité ou réfractaire à ses efforts d'assimilation.

Cette faculté prévoit, pressent, tourne ou surmonte les obstacles qui se dressent devant l'exercice de nos diverses facultés collatérales : Alors les dangers sont écartés et nous sauvegardons notre activité pour le futur que nous voulons conquérir. Sous les différentes dénominations qu'elle a reçues, cette faculté exerce un empire considérable dans la vie privée et publique et sur les existences isolées et collectives. Dans la collision et la concurrence de nos efforts, c'est presque toujours aux anomalies de cette faculté qu'il faut remonter pour expliquer nos échecs et nos malheurs, de même que sa parfaite normalité assure des succès et des triomphes très-variés. Les anciens en avaient fait une vertu cardinale, tant ils comprenaient bien la prépondérance de son intervention dans les faits biologiques.

18° De la fermeté. — Ce n'est pas assez que l'homme se détermine avec plus ou moins de courage et se maintienne avec plus ou moins de circonspection au milieu des difficultés qui l'assiègent, il lui faut une persistante énergie, une persévérance d'action, une adhérence dans ses efforts, en un mot, une faculté complémentaire des précédentes, qui se nomme la fermeté.

Elle fixe sans oscillation nos actes sur le terrain de la volonté, elle les protège contre les tergiversations, les lenteurs, les irrésolutions, les palinodies et les revirements de toutes sortes qui sont le fait du conflit de nos nombreuses facultés cherchant leur équilibre. C'est par la fermeté que nous poursuivons vigoureusement un travail, une opinion, un parti, une idée, une entreprise sans être détournés dans notre assiduité par la crainte des mécomptes et des insuccès ; voilà pour sa condition normale, mais si son activité fonctionnelle est en excès, il y a entêtement, opiniatreté et inflexibilité de caractère, si enfin cette faculté se trouve associée à certaines perversions fonctionnelles dans l'intelligence ou le sentiment, elle produit les plus mauvaises natures que la société puisse redouter. Souvent la fermeté manque chez les individus qui n'ont pris de la vie et du commerce des hommes que le côté abstrait virtuel et idéal ; alors la pratique des choses leur est si laborieuse qu'ils se sentent à tout propos incertains et inquiets. Si leur position sociale ne les oblige à aucun effort énergique, ils demeurent vaguement rêveurs, théoriciens et poëtes, ils font espérer inutilement à tous, des conclusions qui n'arrivent pas et ils compromettent les affaires qui leur sont confiées par la lenteur de leurs décisions et la mollesse de leur volonté. S'agit-il d'un dogme, ils sont infidèles à leur conviction, s'agit-il d'intérêts politiques, ils abandonnent l'idée qu'ils conduisaient, laissant ainsi dans l'embarras ceux qui avaient confiance dans leurs qualités superficielles, et qui ne redoutent pas assez l'incapacité pratique associée à l'intelligence purement virtuelle.

Quand on veut attribuer au mot passion une idée de violence, d'excès ou de responsabilité, on dit que nos passions sont des transformations de nos besoins agrandis ; et comme nous avons des besoins animaux, sociaux, et intellectuels, nous avons aussi trois genres de passions à subir ; mais dans tous les cas, le point de départ est le même ; c'est toujours l'organisme et en particulier l'organisme du cerveau ; il est impossible d'inventer une passion qui n'ait pas de racine dans le physique humain, et pour inventer de nouveaux plaisirs, il faudrait inventer des sens inconnus.

Mais, où finit la normalité des besoins pour donner

issue à l'anomalie des passions? Qui limitera une expansion jusqu'à un certain point légitime, pour signaler une exubérance désordonnée à partir d'un autre degré? Où commencent le devoir, la responsabilité et la moralité? Nous savons la réponse en physiologie, mais l'équilibre de la conscience autonomique, n'est pas celui de la conscience religieuse ou méthaphysique, et selon que nous cherchons le sens relatif ou absolu des choses, l'étude de l'homme varie d'intérêt et de signification.

Sans doute, si nous poursuivons une pondération hygiénique, une harmonie exacte, et un bien-être complet dans l'évolution correlative de toutes nos facultés, nous verrons bien vite que les inégalités de développement, les accidents individuels, les fatalités héréditaires, les nécessités des variations sociales, entravent ce résultat. Le milieu dans lequel nous nous débattons, présente à nos efforts un antagonisme trop violent pour donner à une courte existence le temps de réaliser le moindre équilibre dynamique; mais si nous prenions pour loi absolue et pour type à conquérir le modèle abstrait que nous présente la morale dite révélée, notre impuissance serait bien plus grande, alors nous prouverions qu'il faut faire taire des suggestions légitimes, capituler avec des aspirations précieuses et consentir à l'amoindrissement de presque toutes nos tendances naturelles, sans compter que notre responsabilité morale disparaît du moment que nous obéissons à un modèle placé extérieurement à notre conscience.

Il s'agit donc pour nous de reconnaître que cette conscience qui n'a pas en biologie une représentation organique spéciale, mais qui est l'unité du moi obtenue par les fonctions du cerveau, il s'agit de considérer cette conscience comme l'expression d'un sens harmonique et juridirique dont notre organisme cérébral a besoin, sens d'harmonie, de justice, et d'équilibre, que nous désignons sous le mot d'autonomie morale dans l'homme.

CHAPITRE IV.

MORALE DE L'ANTIQUITÉ.

Bien loin qu'il faille une religion pour soutenir la morale, on doit plutôt prétendre qu'il faudrait une morale pour le maintien d'une religion. C'est ce que prouve, en particulier, l'antiquité qui connut les plus purs préceptes de la conduite individuelle, alors que ses dieux innombrables se disputaient l'empire de l'absolu, sans pouvoir s'accorder dans leurs oracles et sans jamais sanctionner d'une manière efficace ou permanente les actes humains.

A l'inverse des codes religieux promulgués par le Boudhisme d'abord, le Judaïsme, et le Mahométisme, l'Evangile négligea d'invoquer les textes et formules de la loi, pour y substituer les émotions de la foi et s'abstenir de définir la justice et la vertu, dont l'idéal reste ainsi en dehors d'une réalité pratique. Sa doctrine semblait pouvoir dégager la conscience des entraves théocratiques, mais l'intervention de la hiérarchie sacerdotale écrasa de nouveau la liberté, la justice, la dignité et l'autonomie de l'homme, sous son despotisme persécuteur et ignorant.

Il suffira, pour se convaincre de ces faits historiques, de montrer ce que fut la morale antique dans l'éducation, laquelle n'est que la concentration, dans les jeunes sujets des connaissances morales et intellectuelles, éparses dans le monde contemporain où se développent nos enfants.

Toutes les oligarchies savent que pour conserver la servitude, l'ignorance du peuple est le meilleur moyen. Les habitants de Mytylène, vainqueurs de leurs voisins, ne leur accordèrent la paix qu'à la condition qu'ils priveraient leurs enfants de toute instruction.

Cette instruction chez les Athéniens commençait au berceau. Elle était placée sous la responsabilité publique, parce que la famille était encore absorbée dans l'État, accapareur des destinées privées, au profit d'une abstraction politique alors utile à consacrer.

L'opinion, édifiée sur l'influence de la santé de la mère vis à vis de celle de son enfant, imposait aux femmes, pour les derniers mois de la grossesse, des précautions hygiéniques très-sérieuses. Hippocrate rappelle ces règles dans son traité spécial sur la nature de l'enfant. Le jour de la naissance arrivé, on suspendait des couronnes d'olivier ou des bandelettes de laine à la porte du nouveau-né, pour symboliser la paix et le travail domestique ; on fesait entendre il est vrai d'amères récriminations sur ce fatal présent de la vie. Le Cresphonte d'Euripide, aussi bien que les récits historiques d'Hérodote et de Strabon, rappellent ces plaintes philosophiques, bien éloignées des niaises protestations de la reconnaissance catholique, vis-à-vis du bienfait de l'existence.

L'enfant était ensuite déposé à terre, aux pieds de son père, qui, maître de sa destinée, le relevait en signe d'adoption. C'est ce mouvement qui nous a laissé le mot éducation, dont la tradition étymologique rappelle la réalité *e terra educere vel elevare.*

Le droit de vie et de mort que les récentes théories malthusiennes ont reproduit, fut approuvé par Platon et Aristote, mais il était repoussé à Thèbes et dans certaines républiques. L'autorité du père de famille consacrée ainsi dans sa plénitude, était alors funeste, puisqu'elle n'avait pas pour contre-poids, une culture suffisante des sentiments de sympathie et de justice; mais son principe n'en fut pas moins proclamé heureusement pour servir d'antagonisme à l'accaparement communiste de l'État. L'usage des nourrices mercenaires ou esclaves s'introduisit de bonne heure dans la maison grecque, et il est convenable d'applaudir à cette extension de la confiance domestique, qui préparait l'émancipation de ces demi-mères assises désormais au foyer le plus doux.

C'était aux femmes de Lacédemone, renommées pour leur santé et leurs habitudes de régime austère, qu'était dévolu cet office pour lequel on les faisait venir de fort loin.

Elles savaient accoutumer au froid et à la sobriété, les enfants plus ou moins délicats des contrées où elles se rendaient, et ces heureuses influences de la première éducation, se transmettaient ainsi dans la commune-patrie, qui faisait rayonner jusque chez les nations incivilisées le prestige de ses vertus et de ses bons préceptes.

Dans la première semaine de la naissance du jeune enfant, on procédait à la cérémonie symbolique de la purification ou de l'initiation baptismale. Une femme tenant le nouveau-né dans ses bras, exécutait, suivie de

VI.

toutes les personnes de la maison, une marche rapide et répétée autour du feu de l'autel intime, mais on ne donnait le nom de l'aïeul paternel au rejeton fêté, qu'à partir du dixième jour de sa naissance, à cause de l'extrême mortalité qui, pesant sur l'enfance, rendait vaines les inscriptions prématurées au livre de la vie.

Il s'agissait ensuite des mystères d'Éléusis qu'on célébrait pendant neuf jours avec des jeux, courses, processions et cérémonies qui reproduisaient une source d'images, d'allégories et d'appréciations morales, sur nos penchants et nos instincts primitifs. L'histoire compliquée de la déesse jalouse s'ingéniant à retrouver et à conserver sa fille Proserpine enlevée par Pluton, donnait un thème fécond à l'esprit et à l'imagination des artistes ordonnateurs de ces fêtes instructives.

On retournait ensuite aux moyens éducateurs directement applicables à l'enfante, on lui épargnait les brusques et soudaines émotions des sens, en ménageant la lumière, en faisant résonner des instruments de musique, en agitant sa couche d'une façon rhytmée, et Aristote rappelle que le philosophe Architas, n'avait pas dédaigné de produire un petit instrument, propre à distraire par son bruit particulier, les enfants prêts à pleurer.

On considérait, du reste, les cris et les larmes, comme des ressources laissées à l'enfant par la nature, pour qu'il pût se faire comprendre, de sorte qu'on se gardait de les arrêter par l'intimidation, le blâme ou les services, on cherchait seulement, dit Plutarque, à les transformer en gestes et en mots le plus vivement qu'on pouvait par l'instruction.

La différence de ces moyens avec les nôtres, n'est pas à notre honneur, et l'on ne disait pas aux jeunes athéniens que les accidents, les petites souffrances et les contrariétés qu'ils enduraient étaient des punitions célestes, des admonitions divines, des expiations providentielles ; ces procédés pédagogiques, qui empruntent de nos jours à la superstition une force déplorable, étaient alors sévèrement proscrits et Théocrite dans son idylle 12me, rappelle l'indignation d'une mère intelligente dont on avait voulu corriger l'enfant, en lui disant qu'il avait des boutons au visage par punition de ses mensonges ; le précepte de Platon, de ne pas ajouter l'insulte à la correction, était toujours suivi et l'on trouvait le moyen de sauvegarder la dignité de l'homme, à l'âge où déjà le catholicisme la fourvoie dans les prescriptions de son humilité dogmatique.

A sept ans, un jeune athénien était relié à une curie ou confraternité civique, et prenait aussitôt part à des fêtes en l'honneur de Minerve et de Vulcain, elles rappelaient ce qu'on doit aux dieux qui procurèrent le feu et indiquèrent ses usages infinis. Le père payait du poids d'une brebis l'inscription de son fils, et dans la cérémonie aimable qui avait lieu à cette occasion, on entendait presque toujours des assistants s'écrier en plaisantant : « la Brebis n'a pas le poids ! » Une telle privauté dans nos solennités religieuses ou civiles, nous vaudrait pénitence, amende ou emprisonnement.

L'instruction en commun, qui empêche le jeune homme de se croire différent de ses semblables, et soumet l'esprit au sentiment des inégalités naturelles, en laissant une part à l'efficacité de l'émulation sympathique, était en usage chez les anciens ; et Demosthènes avait fait porter une loi qui autorisait les pères à poursuivre en justice ceux d'une curie qui auraient refusé d'agréger à leur corps, les enfants présentés.

On ouvrait les portes des écoles au lever du soleil et on les fermait au déclin du jour, afin d'adapter la discipline de l'éducation aux lois de la nature, qui répartit elle-même l'activité et le repos, la lumière et les ombres.

Le fond philosophique de l'éducation réglé par Aristote, est la distinction des qualités du cœur et de l'esprit. La culture non point exclusive mais prépondérante des premières, devait fournir des préceptes de vertus sans rapport spécial avec les besoins et les agréments de la vie, tandis que les préoccupations exclusives de l'intelligence fournissent à l'égoïsme ses principales satisfactions.

On cherchait, dans les réalités objectives de la douleur et du plaisir une base expérimentale de l'éthique, et Platon les comparait à deux sources abondantes, que la nature fait couler à travers l'humanité pour le bonheur ou le malheur de notre destinée. Il avouait, toutefois, qu'il est nécessaire de chercher de bonne heure par les sciences, les conversations et les bons exemples, ce qui dans la vie méritait d'être redouté ou recherché, aimé ou détesté. Il est évident que ces précautions appartiennent à la doctrine expérimentale, et non aux abstractions imaginatives des théories émanées de la subjectivité.

L'exercice de la mémoire avec des fragments d'Hésiode, avec les livres d'Homère, et plus tard les fables d'Esope, avait une grande part dans la discipline de l'éducation. Mais les philosophes observaient à cette occasion que les passions des hommes et des dieux rappelées complaisamment dans ces poëmes, pouvaient altérer la moralité des enfants, et Platon conseillait déjà à l'usage de la jeunesse les livres corrigés et revus, dont on abuse tant de nos jours et qui attestent l'éloignement ressenti de tout temps par les métaphysiciens et les cléricaux, pour les vérités physiologiques procurées par l'histoire et l'observation.

On forçait les jeunes gens à déclamer la parole comme les lectures, parce que dans les inflextions de la voix, dans l'accentuation comme dans l'emploi de la mesure, on voyait une intervention heureuse des lois de la musique, faisant appel aux sentiments sympathiques propres à adoucir les mœurs publiques et à autoriser ce dicton national : « Que les grâces avaient pris soin de former le langage de la Grèce. »

Les propriétés que Pythagore attribuait aux nombres comme reproduisant l'essence de la composition élémentaire des choses, parurent exagérées à Platon, qui conseilla l'étude modérée de l'arithmétique, capable, disait-il, d'augmenter la perspicacité et de préparer l'esprit aux notions ultérieures de l'astronomie ou de la mécanique céleste. L'étude de la géographie ne devait pas servir à encourager l'orgueil national, et la leçon qu'Alcibiade reçut chez Socrate, montre, sur ce sujet, la moralité qui présidait à l'éducation. On inscrivait, en effet, sur les cartes, les grandes divisions territoriales connues, mais on négligeait d'y marquer les emplacements exacts des bourgs, domaines ou petites villes, de sorte que si l'élève y cherchait avec vanité la maison de ses pères, il avait la confusion d'une vaine perquisition de ce point microscopique, à travers les importantes délimitations que les cartes consacraient exclusivement.

Les anciens, estimaient que nos connaissances doivent avoir un but pratique et utile, et qu'il vaut mieux rester ignorant que mal renseigné. Les exercices alternatifs du corps et de l'intelligence, permettaient intermédiairement la culture esthetique du dessein et de la sculpture, et des compositions purement littéraires pour lesquelles on s'inspirait de ce précepte d'Aristote : « Dire tout ce qu'il faut, rien que ce qu'il faut et comme il faut. »

Sans faire remonter à des lois révélées, les habitudes réciproques de respect, de déférence et de politesse, qui dénoncent l'estime et la bienveillance qu'on ressent pour les autres, on recommandait aux jeunes gens vis-à-vis des personnes âgées et des citoyens distingués, des allures et manières honorables et dignes, qui de notre temps, se sont transformées en obséquiosités serviles, réclamées par le prestige autoritaire et par nos illusions sur la valeur de l'hérédité, en matière de vertu et d'honneur, choses qui ne peuvent être que personnelles.

Ici, on objecte souvent que l'esclavage, qui refoulait une masse considérable et affligée d'individus vers les fonctions subalternes et dépendantes, prouve l'inanité des prétentions morales de l'antiquité à la justice sociale, mais il faut reconnaitre que l'opinion sur la légitimité fondamentale de l'esclavage était universelle et par conséquent consciencieuse ; et c'était avec un sincère dévouement à la patrie et à l'humanité, que les grecs libres prenaient l'initiative du métier des armes, par lequel ils protégeaient le commerce, l'industrie et le travail de ces humbles esclaves, vingt fois plus nombreux qu'eux-mêmes dans la seule ville d'Athènes.

On reproche vainement aussi à l'antiquité d'avoir préféré dans l'éducation les notions scholastiques de la grammaire et de la rhétorique, à celles plus générales et plus pratiques des sciences exactes. Mais ces sciences n'existaient pas encore, et ne pouvaient être une occasion de regret, puisque leur apparition, dans les conditions du progrès de l'esprit humain, appartenait à un avenir éloigné. On mettait donc naturellement autant d'importance aux lettres qu'on en doit accorder de nos jours aux sciences ; et Plutarque, dans ces circonstances, rapportait avec raison la belle réponse d'Aristippe, auquel un Riche d'Athènes contestait le prix de ses leçons à son fils : « Pour » les mille dragmes que vous me demandez, disait le » marchand, j'aurais un esclave, vous en auriez deux, » reprit le philosophe, votre fils d'abord, et l'esclave que » vous placerez auprès de lui. »

Toutefois, l'abus de la scholastique produit partout les mêmes résultats, les sophistes grecs remplissaient les gymnases du bruit de leurs stériles disputes, comme aujourd'hui les métaphysiciens s'opposent aux sérieux progrès des doctrines positives et pratiques avec leur polémique négative et leurs arguments qui tournent dans un cercle vicieux.

La morale de l'antiquité, plus exemplaire que didactique, ne coûtait pas aux enfants, les fatigues, les larmes et les punitions qu'on inflige aux notres dans la pédagogie cléricale, contenant des formules sans spécialité, et des préceptes sans garantie. Jadis, on montrait en dehors de toute pédante ironie, ce qui était bon ou contraire aux intérêts et à la jeune dignité de l'enfance : Il suffit de relire la lettre d'Isocrate à Demonicus, pour reconnaître qu'on lui présentait les maximes les plus saines et les plus applicables aux différentes conditions de la vie, même avec le luxe du style et la sévérité de l'enseignement dogmatique : « Soyez envers vos parents, comme vous voudriez que vos enfants fussent un jour à votre égard ; dans vos actions les plus secrètes, figurez-vous que vous avez tout le monde pour témoin ; n'espérez pas que des actes répréhensibles puissent rester dans l'oubli ; vous pourriez peut-être les cacher aux autres, mais jamais à vous-même ; dépensez votre loisir à écouter les discours des sages ; délibérez lentement ; exécutez promptement ; soulagez la vertu malheureuse ; les bienfaits sagement appliqués sont le trésor de l'honnête homme ; quand vous serez revêtu de quelque charge importante, n'employez jamais de malhonnêtes gens, et quand vous la quittez, que ce soit avec plus de gloire que de richesses. »

Aristote, sur les idées duquel le monde ancien vivait avec confiance, et il le méritait bien, professait que toutes nos actions visent à une fin particulière aboutissant à un but général qui est le bonheur.

« Si nous nous trompons, disait-il, c'est seulement dans le moyen, voilà pourquoi, les richesses, le pouvoir, les honneurs, la beauté, nous sont quelquefois plus funestes qu'utiles ; notre expérience des choses morales si difficile et notre volonté si inconstante, ne nous laissant pas, dans nos choix, un discernement suffisant. (*Grande Morale*, ch. 19.) »

On peut toujours tirer des conséquences logiques d'un point de départ purement théorique ; mais quand il s'agit de se prononcer, de se garantir, et d'avoir sur ses instincts, ses qualités et ses défauts, une notion d'équilibre et d'harmonie, on reste longtemps incertain sur la distinction exacte du vrai bien et du bien apparent, et sur la synthèse à obtenir.

Des deux âmes d'Aristote, l'une est l'intelligence avec ses attributs, l'autre qui lui est subordonnée représente la partie affective, les sentiments moraux, la portion moyenne du cerveau dans la physiologie moderne. La sagesse, la mémoire, le jugement, forment des facultés spéciales à la première âme, ce qui suppose un fractionnement fonctionnel et organique correspondant. En effet, il y a dans la modalité de l'âme qui combine, qui médite, qui choisit où qui démontre, les mêmes distinctions à faire que dans la seconde âme où l'amour, la colère, la haine, le désir, la crainte, non-seulement se succèdent, mais coexistent simultanément vis-à-vis de certains objets déterminés.

Aristote supposait simplement à l'occasion des subdivisions de sa seconde âme, une alternative d'excès ou de défaut dans son activité fonctionnelle qui fait qu'elle s'égare en deçà ou au delà du but qu'elle doit se proposer, et dont un mouvement régulier et normal peut seul la rapprocher.

Un sentiment vertueux est donc un terme moyen entre deux sentiments vicieux et comme il y a corrélation entre les extrêmes, chaque vertu moyenne participe de la nature de ses contraires, il n'y a plus, alors, pour constituer nos défauts et nos qualités ou nos vices, que des facultés qui s'exaltent, s'atrophient ou se normalisent. Par cette vue ingénieuse, Aristote pressentait la doctrine actuelle de la pluralité organique des fonctions cérébrales ; ce grand homme admettait comme sentiments vertueux ou moyens (il aurait pu dire normaux ou physiologiques), douze qualités qui sont, à la vérité, des attributs fonctionnels supplémentaires, plutôt que des émanations primordiales, essentielles et directement affectives, mais qui se rapportent incontestablement à nos instincts spéciaux. Ces douze qualités sont : 1° Le *courage* produit de l'oscillation entre l'audace et la crainte ; 2° La *tempérance* qui se place entre l'indifférence sensuelle et la gourmandise active ; 3° La *générosité* qui, d'un côté, touche à la prodigalité et de l'autre à l'avarice ; 4° La *magnificence* qui a pour opposés le faste ou la parcimonie ; 5° La bonté qui peut se transformer en colère ou en apathie ; 6° La *franchise* qui se traduit en forfanterie par l'excès, et en mensonge par la négation ; 7° La *sympathie* qui confine la flatterie ou la haine ; 8° La *modestie* dont l'impudence ou la stupidité forment les antithèses ; 9° La *magnanimité* qui trouve son défaut dans la bassesse et son excès dans la témérité ; 10° La *gaîté* dont l'ironie et la bouffonnerie forment les contrastes fonctionnels ; 11° La *prudence* dont l'excès est la ruse et le défaut une candeur désarmée ; 12° La *justice* qui a ses antipodes dans l'envie ou la lâcheté.

Aristote observait que si les diverses langues ont peu de mots pour exprimer nos diverses qualités, et un plus grand nombre de vocables pour désigner tous nos vices, cela vient de ce que, à partir de chaque qualité, l'échelle qu'on monte ou qu'on descend, présente un certain nombre de degrés, tandis qu'il n'y a qu'une manière de se tenir au sommet qui représente une vertu absolue. Il propose, en tout cas, trente-six attributs de moralité, et il ajoute que la nature ne nous donne ni ne nous refuse aucune vertu, car les germes des passions sont, en même temps, les principes de nos qualités. Eclairé par une raison perfectible, l'instinct constitue la vertu naturelle, tandis que la vertu proprement dite, c'est ce même instinct conduit par la volonté et illuminé par la raison. Les péripatéticiens disent encore que nous avons la certitude de posséder la vertu proprement dite, par le sentiment de bien-être qui nous pénètre à son occasion.

Platon n'est intervenu dans cette ébauche d'une bonne physiologie du cerveau, que pour la dénaturer par sa métaphysique idéaliste et ses prétentions exclusivement spiritualistes et subjectives. Avec lui, la morale perd son autonomie et emprunte aux conceptions surnaturelles les sanctions erronées qu'on lui impose depuis deux mille ans. Toute son école, à force d'isoler le moi du non-moi, a refoulé l'homme tout entier dans une âme pour y surprendre le rayon de sagesse divine qui s'y est réfugié ; et l'homme s'agitant dans ce rayon contenant l'exemplaire de toutes les perfections, cherche à reproduire, *selon ses forces* « cet éternel exemplaire, mesure de chaque chose,
» commencement, milieu et fin de tous les êtres, qui n'ont
» rien de bon et d'estimable qu'à la condition d'avoir une
» conformité avec ce Dieu, qui parcourt l'univers accom-
» pagné de la justice et de la vengeance pour punir après
» notre mort, les outrages faits à la loi. » (Georgias, t. I,

p. 526, édit. Bruck). Platon, comme on le voit, pouvait remplacer Jésus, si son essai de monothéisme n'avait pas été prématuré, en présence du polythéisme Greco-Romain qui devait produire tous les excès despotiques temporels et spirituels avant la réaction opérée par le christianisme.

Mais les concitoyens de Socrate et de Platon ne pensèrent pas qu'il fût déjà indispensable de réunir en un seul Dieu tant de concurrents divins fort jaloux ; Aristophane et Anytus le firent sentir, et Aristippe peu soucieux de boire la ciguë comme son maître, corrigea pour quelque temps les idées des platoniciens.

Ce prudent philosophe rapportait exclusivement aux impressions de joie et de douleur que faisaient les objets sur ses organes, les motifs de sa conduite ordinaire. « N'oubliez pas, disait-il, qu'en excluant les sensations qui
» nous attristent, comme celles qui nous exaltent, je fais
» consister le bonheur dans une suite de mouvements
» doux qui agitent sans fatiguer, et j'appelle cet état
» volupté : En prenant pour règle ce tact intérieur relatif
» aux deux sensations désignées, l'homme se constitue,
» sans s'abuser sur la fragilité de sa position, centre et
» mesure de toutes choses. »

Aux yeux d'Aristippe, les devoirs de la société ne sont qu'une suite continuelle d'échanges, tout service suppose une réciprocité. C'est pourquoi Denys de Syracuse lui ayant demandé ce qu'il venait faire à sa cour : « troquer
» mes besoins contre les vôtres, vos faveurs contre mes
» connaissances, répondit-il. Et si l'on te porte envie, et que
» tu encoures la haine des courtisans ? « peu m'importe
» ce qu'ils ressentiront ; j'ai garanti mon cœur contre ces

» passions violentes plus funestes à ceux qui s'y livrent,
» qu'à ceux qui en sont les objets. J'estime l'amitié
» comme le plus beau et le plus dangereux des présents
» du ciel, car ses douceurs sont aussi délicieuses que ses
» vicissitudes sont effroyables. J'étais à Egine quand
» j'appris que mon cher maître Socrate venait d'être
» condamné, qu'on le retenait en prison et que l'exécution
» serait différée d'un mois, pendant lequel il était permis
» à ses disciples de le voir ; ne pouvant briser ses fers,
» je me suis abstenu, je restai à Egine ; quand le malheur
» de mes amis est sans remède, je m'épargne la peine de
» les voir souffrir. »

Brouillé avec Eschine, Aristippe était honteux de voir sommeiller une amitié qu'il pouvait faire renaître ; il va trouver son ancien ami : « Me crois-tu assez incorrigible
» pour être indigne de pardon ? — Tu me surpasses en
» tout, reprend Eschine, car j'avais tort, et tu viens au-
» devant de moi : Quelqu'un lui reprochant d'avoir demandé
» à genoux la grâce d'un misérable, — est-ce ma faute, si
» le roi a les oreilles aux pieds? Ce même roi, ajoutait-il,
» ne risque pas de se ruiner, car il veut combler Platon
» qui n'accepte rien, et me refuse les faveurs que je
» réclame. »

Polyxème, avare et fanfaron de vertus, trouvant un jour chez Aristippe un beau souper et des jolies femmes, se livra à toutes les récriminations de son scrupule hypocrite; le philosophe, après l'avoir laissé parler longtemps finit par le décider à rester, trouvant ainsi l'occasion de prouver que si Polyxème n'aimait pas la dépense, il aimait le plaisir autant que son corrupteur.

C'est à ce corrupteur que le roi Denys fit offrir trois courtisanes avec invitation d'en garder une ; mais les trois furent renvoyées, car Aristippe pensa que leurs charmes ne valaient pas la satisfaction de se vaincre soi-même, et que Pâris avait eu trop à souffrir de sa préférence pour une des trois déesses.

Ce nom de volupté qu'il donnait au sentiment intime dont il poursuivait la réalisation, offusqua les esprits superficiels plus attachés aux mots qu'aux choses ; mais un bon principe ne change pas de caractère parce qu'on en tire de fausses conséquences ; ce principe d'Aristippe a ses entrailles dans la nature humaine et l'expérience nous atteste que s'il n'est pas le seul, il ne peut pas toutefois être négligé.

En opposition avec Aristippe, vivait Antisthène, soucieux, triste et timoré, qui redoutait les passions, et proscrivait les plaisirs ; il méritait ce qu'on a dit de lui : qu'il se croyait heureux parce qu'il se croyait sage, tandis qu'on répétait avec raison de son rival : qu'il pouvait se croire sage puisqu'il était heureux.

Le vrai caractère de l'éthique des anciens est incontestablement pratique et expérimental au lieu d'être dogmatique et autoritaire. Les moralistes de la Grèce vivant sur le Forum, avaient, il est vrai, dans la forme du langage, des prétentions de rhéteurs et de sophistes ; mais au service de leurs concitoyens, ils avaient des conclusions très-positives : la liberté d'exposition amenant la critique et le contrôle, comme la publicité des actes entraînait le blâme ou l'éloge, le mérite ou le démérite, constatés.

Ce fut ainsi que les masses, qui préfèrent aux synthèses

laborieuses les aperçus rapides obtenus par intuition, écoutèrent avec tant d'intérêt ces philosophes dont nous avons, de nos jours, condensé la sagesse en aphorismes encore populaires. Diogène, Heraclite et Democrite par leurs antithèses, facilitaient l'intelligence des saines notions d'ensemble.

Heraclite disait : « Je ne puis contempler la nature
» sans un secret effroi. J'y vois tous les êtres dans un état
» permanent de guerre et de ruine, qu'ils vivent dans les
» airs, dans les eaux, ou sur terre. Ils n'ont reçu la force
» ou la ruse que pour se poursuivre et se détruire. J'égorge
» et je dévore moi-même l'animal que j'ai nourri de mes
» mains, et je serai, un jour, la proie de vils insectes. »

Democrite répliquait : « Les tableaux de ce monde sont
» pleins de charme pour mon cœur ; le flux et le reflux
» des générations ne me surprend pas plus que la succession
» des flots de la mer, ou la chûte annuelle des feuilles
» qui ont vécu. Qu'importe que tels ou tels individus
» disparaissent ? Nous sommes sur un théâtre qui
» change à tout moment de décoration, les fleurs et les
» fruits se succèdent, les atômes dont je suis composé,
» après s'être séparés, se réuniront un jour, et je revivrai
» sous une autre forme. »

Aristote ajoutait : « Méfiez-vous de votre disposition
» d'esprit qui, inclinant à la joie ou à la tristesse, à la
» haine ou à l'amour, donne à vos jugements une tournure
» funeste ; malade, vous ne verrez dans la nature qu'un
» système de destruction ; bien portant, qu'un système de
» reproduction énergique ; négliger l'expérience, c'est
» recommencer tous les jours à naître, ne pas la trans-

» former en prévoyance, c'est ressembler au vieillard
» qui se plaint d'avoir trop vécu. »

Tel était le fonds d'idées morales qui circulait librement parmi les esprits de l'antiquité. La conduite privée y puisait une direction orthodoxe à laquelle les siècles monothéistes n'ont rien ajouté. Si nous avons conquis, du côté collectif et social, des vues modernes plus larges et plus satisfaisantes, ce n'est pas par l'application nouvelle de moyens jusqu'alors inconnus, mais par une extension plus hardie des mêmes ressources, autrefois concentrées et réservées à des catégories peu nombreuses d'individus.

Rien, dans la pensée publique, ne s'opposait à la conservation de l'esclavage qui représentait, au point de vue politique et social, une fatalité nécessaire dont quelques généreuses natures seules entrevoyaient la lente disparition, comme de nos jours, l'émancipation des classes prolétaires est entrevu dans un avenir encore un peu éloigné.

Ce résultat, sera dû au développement désormais élargi de l'instinct social et sympathique, qui vit à côté des sentiments personnels et les complète plutôt qu'il ne songe à les démentir. Ce sentiment éclairé de nos intérêts solidaires, prévaut aujourd'hui sur celui de notre égoïsme, jadis exigeant et cruel, en raison des efforts que coûtait la protection de l'individu.

D'ailleurs, la conscience extérieure artificielle et transcendante, qui se prétendait immuable et s'imposait à l'homme pour lui dicter d'éternelles injustices, cette conscience fait place à l'autonomie de l'espèce, qui déclare que la conduite de tous et de chacun relève de chacun et de tous, et trouve sa sanction en elle-même, et que nos misères comme nos triomphes sont des insuffisances ou des conquêtes dont nous sommes payés avec les malaises ou les satisfactions qui suivent nos efforts.

CHAPITRE V.

MORALE MODERNE.

Il y a, en réalité, plusieurs systèmes de morale, puisque la théologie, la métaphysique et la science positive, sont autant de points d'appui variés et antagonistes pour la pratique de la vie. La morale issue de la théologie, c'est le devoir avant le droit, c'est la règle avant l'expérience, c'est la loi conçue à *priori*, subjective ou révélée. La morale issue de la métaphysique, c'est la subordination des prérogatives de la spontanéité humaine, privée ou collective, à l'entité despotique appelée *Raison* : c'est encore le devoir posé avant le droit. Dans ces deux cas, il y a dépendance et déchéance de l'homme, dont l'autonomie est méconnue. Avec la science, au contraire, nous établissons hardiment cette autonomie de l'être humain, telle qu'elle résulte de l'évolution naturelle de ses facultés fondamentales, et nous en déduisons une éthique essentielle, débarassée d'éléments transcendants, et dont les formules toutes expérimentales relèvent de l'observation.

Nul doute, pour le biologiste, que le sens de la justice ne soit inné et ne représente le produit normal ou l'équilibre d'action de nos facultés : Lorsqu'il y a harmonie physiologique entre l'organe et la fonction, il y a justice, il y a l'élément moral, il y a une équation trouvée, dont les chiffres s'inscrivent sous des titres divers et constituent autant de solutions pour enrichir nos codes didactiques de morale.

C'est le prix d'un long travail ; et de même que toute loi physique se dégage de la série des phénomènes qui l'engendrent, ainsi les acquisitions de la justice sont lentement extraites de la phénoménalité de nos actes privés et sociaux. Cette justice n'a donc pas été dictée par Jevovah, ni par Jupiter, ni par aucun prophète d'un Dieu quelconque : Elle est la synthèse concrète de notre expérience et progressive comme elle. Sous peine d'être incomplète, elle doit comprendre le résultat de toutes nos actions domestiques et publiques, et ce serait faillir à la vérité que de répudier de son domaine le moindre fait produit par la volonté.

Elle est, de plus, cette justice, rappelée sans cesse et confirmée par les témoignages de nos semblables, et à ce titre ses révélations se trouvent douées d'une réalité et d'une certitude qu'aucune croyance théologique ou métaphysique ne peut procurer. Les commandements autocratiques de la foi orthodoxe, ne sont ni plus autorisés ni plus efficaces, en les supposant même échappés de l'hypothèse et restitués à la réalité qui leur manque, que les prescriptions issues de l'expérience juridique. A diverses époques du développement humain, la conscience est d'abord religieuse et ensuite libre, mais si cette adhérence première de la conscience avec les religions était aussi nécessaire qu'on le prétend, la morale naturelle n'aurait pas eu, en tout temps, les partisans nombreux et honorables qu'on lui connaît. Avec le courage, on gagne la liberté ; avec l'idée, on gagne la chose ; coupons le câble que la métaphysique et la théologie laissent descendre dans la mer de l'infini, pour n'en rien retenir qu'un poids incommode, l'ancre ne peut mordre sur ce fonds insondable, retranchons, dans toutes les catégories de la science, l'absolu, le transcendant, le surnaturel et le subjectif.

A quoi servent la crainte ou l'amour du divin, dès qu'on admet la réalité et l'efficacité de la conscience, c'est-à-dire en soi-même l'immanence de la justice ? Or, toutes les théologies et toutes les églises, soit implicitement, soit explicitement, reconnaissent ce tribunal intérieur qui rend à l'intelligence humaine ce perpétuel service de lui dénoncer le juste et l'injuste, et de sanctionner par les suggestions qu'ils nous dictent, les différences à réparer et l'équilibre à reconstituer.

La religion est, il est vrai, une heureuse mythologie du droit, une symbolique des besoins du cœur, à ce titre elle a fourni à la jeunesse de l'humanité un secours trop réel pour ne pas mériter souvent le respect et la reconnaissance. Mais cette mythologie et cette symbolique étaient à peine complètes, que déjà s'incarnant dans les passions et l'ignorance sacerdotales, elles se transformèrent en despotisme, en prescriptions vexatoires et intimidantes, que l'humanité adulte devait secouer ; c'est ce qu'elle fait de nos jours.

La grâce inventée par St.-Paul, a fait périr dans ses orgies la *justice*, cette justice qui régnait en souveraine chez les grecs et les stoïciens, et dont Eschyle, Socrate

et Zenon, prononçaient les décrets. « Des formules
» de la justice, fournies miraculeusement, feront toujours
» périr les germes de l'éducation : Miracle et éducation
» sont deux ennemis irréconciliables, et si du ciel il peut
» descendre une justice toute faite et de substance divine,
» un vrai miracle vivant, à quoi bon l'art de refaire ce
» miracle dans l'éducation ? Qu'est celle-ci, en effet, sinon
» l'énergique effort humain pour créer ce que la prière
» pourrait directement obtenir d'en haut? Aujourd'hui
» l'accord de la science et de la conscience est complet, et
» la justice est bien la dame de la maison : Moi, peut-elle
» dire, j'ai germé dans l'aurore, aux lueurs des Vedas,
» au matin de la Perse, j'étais l'énergie pure, dans l'hé-
» roïsme du travail, je fus le génie grec et l'émancipation ;
» par la force d'un mot *themis* c'est Jupiter, il a pour
» frères, Hercule et Promothé. Un voile couvrait leur âme,
» voilà que l'histoire l'a soulevé. » (Michelet, *Bible de
l'humanité.*)

Insister sur les désordres introduits par les formules d'une justice théologique ou même métaphysique est encore nécessaire, voyons ce qui se rapporte à la première : Si l'empire romain s'installa au milieu des ruines, son polytheisme n'acceptait pas que le droit et la justice fussent innés dans l'homme, c'est pourquoi la présence des dieux approuvant et désapprouvant la conduite humaine, servait encore de sanction à la morale et atténuait la liberté. Cependant, Zenon, Pythagore et Diogène, l'un savant pour l'aristocratie, l'autre mystique pour les âmes vraiment religieuses, le troisième cynique pour la foule avide d'une forte voix; tous, presqu'en même temps, cherchèrent à

sauver la liberté, la justice et la raison en péril, ils prêchaient la probité, la frugalité, l'empire sur soi-même, et la compassion. Toutefois, les admirables préceptes de ces philosophes, les belles maximes de Senèque, de Perse et d'Epictète et les bonnes paroles de Marc-Aurèle, décorées du nom d'Evangile païen, rien n'a pu soutenir ce monde qui s'écroulait, tout en refusant contre sa ruine le point d'appui théocratique, plus ou moins apparent dans ces enseignements. Epicure voulut soutenir que les dieux ne s'occupant pas des hommes, les hommes ne devaient pas s'occuper des dieux ; mais il fut injurié à cette occasion par Epictète qui se croyait plus libéral ; cependant, ni l'un ni l'autre de ces philosophes ne l'emporta : dans cette vieille société, ce fut le Christianisme qui, se posant vis-à-vis d'elle en hostilité hardiment déclarée, la domina par son antagonisme systématique et ses mensongères promesses. St.-Paul commença par apostropher brutalement les idolâtres : « Ils ont servi la créature à la place du
» Créateur, c'est pourquoi Dieu les a livrés aux passions
» de leur cœur, à l'impureté et à la fougue de leurs
» instincts. C'est pour cela que nous les voyons pleins
» d'iniquité, de malice, de fornication, d'avarice, de per-
» versité, d'envie, d'homicide, de chicane et de tromperie,
» brouillons, calomniateurs, insolents, inventeurs de cri-
» mes, sans respect pour les parents, sans raison, sans
» retenue, sans charité, etc. » Or, le dieu nouveau de Paul fut par antithèse aussi soigneusement dégagé des entraves de la matière que Jupiter y avait été luxurieusement attaché ; le nouveau dieu va être, par contradiction, réfractaire à toute souillure, et en face des dieux païens

qui s'imposaient si peu de contraintes, il sera d'autant plus pur, plus saint, plus orthodoxe.

Pourquoi le Christianisme affirma-t-il le principe de la chute ? Parce que la perversité réellement croissante du vieux monde ne pouvant être imputée à des dieux que St.-Paul déclarait nuls et non avenus, il fallait bien l'attribuer à l'homme seul et plus ou moins libre, mais présent devant le nouveau juge : Ainsi affirmée, cette chute sera rachetée, c'est la religion catholique qui se chargera des procédés expiatoires. Dans les sociétés polythéistes qui n'avaient jamais compris la déchéance, le régime moral correspondant au dogme théocratique adopté par elles, était le régime de la prérogative individuelle, et du droit personnel. Au contraire, le Christianisme qui surgissait au milieu de la misère et du désespoir des populations vaincues et exploitées par le Césarisme, n'eut aucune peine à introduire théoriquement, et dans ses conséquences, le système de la déchéance. Il parla aussi du ciel et du pardon d'en haut ; mais pour mériter l'un et l'autre, que d'actes de contrition, de soumission et d'humiliation, il demanda !!

Jadis le magistrat romain primait les augures et les pontifes, tandis que pendant dix-huit siècles, on va voir les princes temporels céder tout aux évêques du dedans. Un empereur tiendra la bride du cheval d'un pape, reconnaîtra humblement sa juridiction, et baisera la mule du serviteur des serviteurs de l'absolu.

Ce dogme de la déchéance ne pouvait d'ailleurs procurer qu'une morale dont les formules méritent d'être généralement repoussées : Les précautions évangéliques et même bibliques, « vous aurez toujours des pauvres parmi vous ;

» les pauvres ne manqueront jamais sur votre terre,
» heureux ceux qui ont faim, heureux ceux qui pleurent,
» etc., etc., ont immobilisé fatalement les destinées comme
» les courages, remplaçant par une résignation stupide,
» les protestations rendues légitimes par d'évidentes per-
» sécutions »

Il est certain que les notions d'économie politique, toutes négatives qu'elles soient encore, se rapprochent davantage des droits et des espérances humaines et démontrent un meilleur avenir dans les lois effectives de la production et de la consommation.

Si pour se maintenir, le Christianisme a besoin de la pauvreté providentielle, et de la richesse providentielle, avec les influences qu'elles ont sur le crime et la vertu, le Christianisme doit mourir, car nos progrès politiques visent systématiquement à l'extinction du paupérisme et à l'égalité sociale des citoyens ; et si la religion ne conserve pas ses condamnations d'indignité, d'incapacité, de misère et de chagrin, comment osera-t-elle intervenir dans la politique actuelle, avec ses prétentions souveraines pour le passé, mais désormais caduques ?

On voit bien le catholicisme anathématiser la fortune et glorifier, en théorie, la pauvreté ; mais il conclut à une compensation dans l'autre monde, que la *grâce* seule, vous fait obtenir, ce qui détruit la moralité juridique de l'équilibre promis. « C'est une vérité certaine, dit Mallebranche,
» que la différence des conditions, est une suite nécessaire
» du péché originel, et que souvent la qualité, les richesses,
» l'élévation, tirent leur origine de l'injustice et de l'ambi-
» tion de ceux à qui nos aïeux doivent leur naissance

» (morale t. I, p. 4). » Les lumières de la raison, disent les théologiens, sont trop bornées pour fixer avec précision les devoirs de la loi naturelle ; et les connaissances acquises par la révélation, ne nous mettent pas en état de voir avec plus de justesse les obligations imposées par les lois positives. « Une règle de morale très-détaillée, est » absolument impossible, dit Bergier, en face de l'extrême » inégalité des conditions qui mettent une grande diffé- » rence dans l'étendue des devoirs et dans la grièveté des » fautes... C'est pourquoi il faut, dans l'église, une auto- » rité toujours subsistante pour établir la discipline conve- « nable aux temps et aux lieux. »

C'est, en effet, cette autorité qui tient lieu de tout, qui confectionne et vend des consciences, fournit à juste prix des règles de diverses catégories, donne le nécessaire et le superflu, fait connaître le contingent et l'absolu, le veniel et l'irrémissible ; en un mot, remplace par tout ce qui concerne son état, notre dignité, notre raison, notre autonomie! Tout en attribuant la distribution des biens temporels à des vicissitudes providentielles, et en affectant le mépris de la fortune dont les avantages terrestres n'ont pas l'avenir délicieux promis aux inconvénients de la pauvreté, l'église catholique n'en a pas moins, pendant dix-huit siècles, dirigé les destinés de la propriété foncière et le clergé s'est toujours chargé d'administrer les biens amassés par la multitude laïque.

Cet accaparement théocratique de la fortune est un fait commun à toutes les églises; diminuer en tout sens l'individu, est une conséquence de la doctrine qui a fait qu'on s'est emparé de sa conscience ; mais comment se fait-il que la politique socialiste imite sur ce point l'Église, et que depuis Minos et Lycurgue, jusqu'à St-Simon et Fourier, l'utopie religieuse se marie à l'utopie communiste ? C'est que tous les hommes veulent réaliser le bonheur moins par la justice que par les sensations émotives de l'égoïsme, et c'est par là qu'on a prise sur eux. On a donc promis aux uns les trésors du ciel en les excitant à l'aumône ; on a dit aux autres que leurs instincts seraient plus sûrement assouvis, dès qu'ils déposeraient leur personnalité entre les mains d'un chef de groupe harmonique.

Dans les deux cas, la même déception ne se fait pas attendre : l'Église n'a pas tardé, après avoir voulu conserver la dispensation des aumônes et fermages que la terre et le travail produisent, à s'attirer des révoltes ou des protestations. A l'aurore du Christianisme, les sectes des donatistes, des gnostiques et Circoncellions, furent dénoncées à Constantin qui les extermina ; elles ne faisaient que s'élever contre les spoliations naissantes de l'Église.

Au Moyen-Age, quand les Albigeois crièrent trop haut que le droit féodal n'était pas dans l'Évangile, l'Église les fit brûler et elle fut conséquente ; ces gens s'imaginaient à tort, que l'Église, qui ne voulait que l'autorité, connaissait ou représentait l'équilibre juridirique. L'Église leur disait : pour vous sauver, j'ai besoin de votre humilité, de votre résignation et de vos dons, si vous ne donnez pas tout cela, au lieu du paradis c'est l'enfer qui vous attend ; St.-Pierre a été fait pour l'Église, et l'Église a été faite pour St.-Pierre ; ce cercle vicieux se poursuit dans tout le système surnaturel où l'on suppose que l'homme est par lui-même incapable de justice, ce qui impose logiquement à l'Église, au nom de la majesté divine, le devoir de comprimer et de contraindre l'infirme humanité.

Cependant, le sens juridique se prouve dans le sujet humain par l'histoire, les mœurs, les sciences, les arts et la conduite collective. Toutes ces choses n'auraient aucune raison d'être et n'existeraient pas en réalité, si la justice était supérieure, étrangère, et extérieure à l'humanité.

La doctrine du catholicisme sur la propriété, n'est rien moins qu'exemplaire ; le clergé possédait lorsque la Révolution française éclata, un tiers du territoire de la monarchie ; comment était-il arrivé à cet étonnant résultat ? Cela est facile à comprendre : Le régime romain avait donné l'exemple d'une avidité d'accaparement dans le pouvoir temporel qui demandait l'exemple contraire. L'antithèse fut fournie par l'Église, qui affecta les allures communistes du paganisme gouvernemental qu'elle remplaçait. Les St.-Antoine, les St.-Benoit, les St.-Pacôme, jetant aux pieds du Christ leur patrimoine et leurs ressources, protestaient avec exagération contre les prévarications de leur époque.

L'Église, après cette première réaction qui lui fit nier la propriété individuelle, voulut être propriétaire. Elle le fût très-longtemps et se mit si bien dans ce nouveau rôle, qu'aujourd'hui elle excommunie le Piémont, l'Espagne et le Mexique, coupables comme la France de 89, d'avoir vendu les biens du clergé.

D'un autre côté, les communistes des premiers siècles du Christianisme, furent anathématisés par le clergé officiel qui invoque, cependant, le vrai mérite de la pauvreté; c'est que, sur cette question comme sur tant d'autres, il y a ignorance et contradiction de sa part. Cette maxime proverbiale : « Il faut que le prêtre vive de l'autel, » est devenue un encouragement à la plus large cupidité; de sorte que la prédication sacrée, l'enseignement sacré, le ministère sacré, tout ce qui est, de sa nature, spirituel, théorique, divin ou métaphysique, est devenu matière à tarif, à trafic, à traitement et à honoraires, dans les cures et les palais épiscopaux, qui servent d'explication à la crèche de Nazareth !

L'Assemblée Constituante, au 4 août en 1789, ne toucha pas, en réalité, aux propriétés des nobles. Ceux-ci perdirent leur fortune par suite de pénalités qu'ils avaient encourus, fuite à l'étranger, complots et actes de révolte, et encore en 1825 ils furent indemnisés par le milliard dit *des Émigrés*. La nuit célèbre du 4 août ne fit tomber que des privilèges : le régime féodal s'abima sous les coups de la conscience universelle, condamné par ceux-là même qui en bénéficiaient et qui furent atteints de la contagion des sentiments de justice, en votant la chute du régime qui les soutenait.

Vis-à-vis du clergé, la tolérance fut excessive, le principe théologique qu'il fallait oublier fut ménagé et le communisme clérical ramène les excès dont se plaignait la génération de 89. Tous les jours, les associations ecclésiastiques acquièrent et paient avec une prodigieuse facilité des immeubles considérables, dont l'accumulation viole les principes de notre admirable Révolution.

Le professeur Blanqui, disait en 1853 dans ses cours d'économie politique, au Conservatoire des arts et métiers : « La papauté, représente le phénomène étrange d'un État

» uniquement fondé sur la mendicité. Là, depuis des
» siècles affluent les aumônes de l'univers, c'est de ces
» subventions que vivent pape, cardinaux, le clergé romain
» tout entier, avec sa police et sa petite armée, autour des
» quelles grouille dans la barbarie et dans la superstition,
» la populace transtéverine. Les seuls individus labo-
» rieux et par conséquent honorables, sont les israëlites
» du Ghetto, objet des avanies les plus humiliantes. »

L'Église, attirant dans l'impersonnalité collective tous les individus disposés à se soumettre, se trouve professer un vrai communisme, où les idées de justice, de liberté et de progrès, n'ont aucun accès.

Le dogme de la prévarication originelle rachetée par le supplice du Calvaire, a fait naître le système de la prédestination, c'est-à-dire la préexistence d'une volonté divine, capable de donner à ceux qui l'obtiennent le royaume du ciel pour dernière patrie.

Le décret de prédestination est fixe, immuable, infaillible, un effet de pure bonté, il ne suppose pas l'absolue nécessité, pour les élus, de pratiquer le bien, par soi-même:
» L'entrée du ciel, terme extrême de la prédestination, est
» tellement une grâce, dit Bergier, qu'elle est en même
» temps un salaire, une couronne de justice, une récompense
» des bonnes œuvres, *faites avec le secours de cette même*
» *grâce.* » Le destin des anciens était aveugle, mais la providence gracieuse des catholiques est une institution de crédit avec prime sur le ciel, c'est un bureau de loterie où la moralité privée et publique subit les chances du tirage par la grâce.

Avec le dogme de la prédestination, point de lois

immuables dans la nature, mais un arbitraire divin immense, irréductible en notions exactes : pas d'équilibre, pas de spontanéité juridique. L'inégalité des rangs et de la fortune, n'est pas même simplement fatale ou nécessaire, elle est la conséquence de la tache première que la grâce n'a pas effacée; de sorte qu'il nous faut, de par l'arbitraire d'en haut, vivre par l'orgueil, l'envie, l'ambition, l'égoïsme, dans un milieu que la grâce n'a pas purifié et que notre infirmité ne peut corriger.

L'étymologie du mot évêque trahit l'économie morale du catholicisme, *l'épiscopos* est un surveillant placé en dehors et au-dessus des peuples, qui l'ont reçu sans en vouloir, et le subissent sans pouvoir lui échapper.

Le temporel sera ainsi soumis au spirituel, la doctrine fera la loi morale, la foi l'emportera sur la justice, et au-dessous du pape, ce serviteur des serviteurs de dieu, les rois seront les exécuteurs des canons de l'Église, dominatrice des monarchies, des républiques et de l'humanité elle-même.

Mais le peuple de nos jours ne veut plus de cette doctrine du bon plaisir, et après avoir compris pourquoi l'autel et le trône, les prêtres et les nobles ont été si longtemps d'accord, l'humanité s'est décidée à chercher dans l'économie de l'univers et de la société, des lois fixes pour le travail, la justice et la dignité de l'espèce. Elle repousse la grâce pour s'en tenir au courage, elle refuse le pardon auquel elle préfère la responsabilité de sa conscience, et les sanctions qu'elle subit se déplacent avec sa conduite.

De même que depuis Newton et Laplace, il n'est plus

nécessaire que Dieu se fatigue à restituer sans cesse aux sphères de l'immensité leur mouvement épuisé, (ce qui se fait si exactement par les inévitables lois de l'attraction,) de même, les réciprocités sociales, et les nécessaires échanges de nos besoins matériels et juridiques remplaceront les providences subalternes des papes et des évêques, des monarques et des princes. — D'ailleurs, avec cette simple et noble devise : « *Potius mori quàm fœdari*, » la conscience est sauvée ! Lucrèce innocente ne survit pas à sa honte, Caton se perce de son épée : l'éthique catholique ne s'inquiète pas beaucoup de cette fière maxime, son prêtre dit seulement : « le péché offense Dieu qui le punit, fuyez le péché; mais substituer ainsi l'obéissance à la conscience, et l'injonction à la raison, c'est défaire l'échafaudage de la morale. »

Du moment qu'on s'inspire d'une crainte quelconque ou d'un sentiment étranger à l'impulsion innée de justice, la valeur morale des actes est nulle. Si, de plus, on oppose à la tentation du péché les exorcismes, les conjurations sacramentelles, les prières en usage, les mortifications et punitions ecclésiastiques ; tout se trouve atténué dans l'homme, volonté, mérite et dignité. La discipline pédagogique travaille à faire de l'esprit des enfants une cire molle au lieu de leur donner la force du fer. M. A. Guillard, dans sa statistique de la France, à l'occasion de l'arrêt de la Cour royale de Paris, en 1838, sur l'établissement de St.-Nicolas, rappelle qu'on mettait encore à genoux sur des bords à vive arête les petits malheureux qu'on punissait.

Sous toutes les formes, les offices du culte insultent à

l'égalité ; bancs d'œuvre, places réservées aux fabriciens et marguillers, prières spéciales pour les autorités spirituelles et autres coups d'encensoirs aux sommités sociales et religieuses, selon des mesures hiérarchiques réglées par un cérémonial imprimé. Les trois porches gothiques qu'on admire avec plus ou moins de raison esthétique, dans nos vieilles basiliques, ne faisaient que consacrer les différences de catégorie parmi les élus, savoir : la plèbe, la noblesse et le clergé, ayant chacun leur porte d'entrée.

L'intimidation de l'homme par l'Église, s'étend depuis son enfance jusqu'à sa caducité : « *Timor domini initium sapientiæ*; » l'art même de bien mourir, *l'euthanasie* de Bacon, est devenu, pour le clergé, l'art de beaucoup souffrir, et au lieu d'affirmer qu'on doit mourir souvent sans regret, et à coup sûr, sans crainte et sans remords, quand on a parcouru le cercle complet d'une destinée biologique où les joies de l'enfance aimée, font place aux satisfactions de l'amour viril, où le travail donne pour la famille, la société et l'individu, les meilleurs garanties de bien être, au lieu de cela, l'Église, eut-elle affaire à Pascal, à Fénélon et à Bossuet, l'Église veut qu'on meure misérablement, c'est-à-dire avec les terreurs du jugement divin, les angoisses d'un réel mystique qu'elle impose à l'esprit, sous les formes les plus inquiétantes, alors que nous touchions, sans effort, l'inconnu de l'incognoscible.

Mais pour nous, ce n'est pas tout de proclamer que l'ordre ancien doit disparaître, il nous faut indiquer les conditions nouvelles d'un ordre nouveau : Nous sommes à la fin de la période religieuse dont le passé a épuisé l'efficacité. Le régime de la grâce est remplacé par la spontanéité de la conscience, et nous sommes libérés sans sacrements. Le droit triomphe de l'idéal et nous poursuivons le despotisme de l'absolu dans tous les coins où il se réfugie. C'est ainsi que nous allons brièvement constater l'impuissance des métaphysiciens et des littérateurs, à créer une morale vraie, c'est-à-dire basée sur la notion de l'organisme cérébral qu'ils n'apprécient pas. Toute leur éthique est, en effet, descriptive ou dogmatique, elle se contente de suivre la psychologie ontologique que nous avons examinée, et dont l'invention fournit des préceptes insuffisants, puisqu'au lieu de rappeler nos facultés concrètes, elle s'occupe seulement des modalités d'une âme inconnue.

En France, notre littérature peut reconnaître classiquement cinq maîtres, depuis que le perfectionnement de la langue nationale, correspondant aux progrès généraux, a commencé à fournir, dans l'art d'écrire, des gages précieux et respectés.

Montaigne, Larochefoucauld, La Bruyère, Pascal et Vauvenargues forment un groupe plus rapproché par le temps que par leur nature ; les deux derniers, en particulier, procèdent selon des formes d'enseignement dogmatique, tandis que le génie observateur des trois autres, soumet à une critique plus exacte, l'homme dans ses généralités politiques et sociales ; mais ils n'ont recours à aucune théorie, ils manquent de formules explicites servant de contre-épreuve à leur exposition purement descriptive.

Montaigne s'est complu à énumérer les inconséquences, les variations, les contrastes, les exagérations du moral de l'homme, et il n'a pour conclusion qu'un probabilisme vague et sans prétention magistrale, auquel il adhère pour

son compte, afin d'y reposer avec une certaine volupté ses doutes philosophiques, dont il ne veut pas ressentir la pointe hostile au bien-être humain. Il dit même de cette incertitude qu'elle lui procure un certain sentiment de pleine indépendance, d'entier détachement et de véritable sagesse « puisque l'âme sera d'autant plus en équilibre,
» d'autant plus éloignée des désirs immodérés et des
» actions violentes, qu'elle sera mieux instruite de sa
» propre ignorance et du néant de tout ce qui agite les
» hommes. »

Larochefoucauld a montré avec sagacité les mouvements délicats et secrets de nos passions, il s'inquiète peu que son tableau fasse rougir de honte, et il est rare que nos qualités provoquent son enthousiasme ; il ne conseille pas, il critique, et la satire lui convient plus que l'approbation ; persuadé que la vérité n'est jamais un outrage, il l'a dit sans bienveillance, et il a conquis, par ses procédés, une popularité que défie son cynisme. Son paradoxal point d'appui de l'amour-propre érigé en principe de toutes nos actions n'est pas, en effet, comme l'observe M. Prevost-Paradol, le principe de la vie et du mouvement ; l'instinct du moi existe avec son évolution nécessaire ; mais l'instinct du non-moi ou de l'impersonnalité, existe à côté. Le fonds de l'être n'est pas une tendance à persévérer dans l'être. Et si nous étions toujours dirigés par l'intérêt bien compris, l'instinct du moi n'aurait pas les spontanéités inévitables qu'on observe souvent à son détriment. Larochefoucauld fait cette confusion, entre l'intérêt bien entendu et la prépondérance de l'impulsion primitive. Le premier cependant n'est qu'un produit complexe de l'intelligence qui domine, et la seconde exclut les calculs mêmes de l'intérêt, par son essence primesautière.

La Bruyère, fort nourri des anciens, et imbu des procédés de la scholastique, cherche moins les causes que les apparences il s'adonne plus volontiers aux facilités de l'analyse, à l'entrainement d'une minutieuse description qu'aux recherches sévères sur les qualités fondamentales de nos passions primitives.

Toutefois, comme les phénomènes extérieurs de nos facultés ne varient pas dans de grandes limites (sans quoi elles se confondraient entre elles et échapperaient à la nomenclature des moralistes), il est résulté des analyses de La Bruyère une certaine exactitude relative, et on trouve sous l'ornement de la forme littéraire un fonds de vérité d'observation ; mais à un auteur qui fait de l'art pour l'art, de la peinture pour de la peinture, peut-on demander des notions philantropiques de saine physiologie; il pensait avoir fait pour le mieux de sa conscience théologique, en invoquant les sanctions surnaturelles vis-à-vis des résultats fonctionnels d'un organisme indéterminé par lui.

Pascal et Vauvenargues, bien que dogmatisant tous deux, diffèrent profondément. Pascal veut des chrétiens soumis à la foi aveugle, Vauvenargues demande aux hommes de se laisser entraîner par le cœur. Pascal trouvait, non sans raison, que le déïsme des rationalistes était un athéïsme détourné, et qu'il était plus facile de reconnaître un dieu révélé qu'un dieu métaphysique. Vauvenargues chercha, simplement, à fonder la morale sur la prépondérance des sympathies ; il ne lui a manqué que de connaitre, plus en détail, les évolutions physiologiques de tous nos instincts concurrents ; mais il étudia, autant que possible l'humanité réelle, en fesant abstraction de toute morale subjective.

Il trouvait qu'on surfait l'homme en le disant tout à fait libre, et il professait que la liberté morale est souvent une illusion de la conscience, ce qui conduit à faire une plus large part aux fatalités organiques de la constitution.

La morale moderne est un composé éclectique des idées et des doctrines émises par les cinq moralistes que nous venons de nommer : Tout le dix-huitième siècle s'y rattache et ne fait que commenter ces modèles ; il en est de même de la morale littéraire contemporaine, même émancipée; déjà, à côté de l'individualisme de Montaigne, on voyait en son ami la Boëtie, la revendication la plus hardie des droits et de la dignité de l'homme ; le discours sur la *servitude volontaire,* est la consécration la plus explicite de notre autonomie morale : la Boëtie ne se contente pas de reprocher aux peuples « leur penchant à
» s'asservir, et à se couper la gorge, à souffrir les pille-
» ries, les paillardises, les cruautés non pas d'une armée,
» mais d'un homme souvent le plus lâche et le plus fé-
» minin de sa nation, *il dit encore,* que, si fesant le par-
» tage des présents qu'elle nous donnait, la nature qui
» est la gouvernante des hommes, a fait quelque avantage
» de son bien, soit au corps ou à l'esprit aux uns plus
» qu'aux autres, si n'a-t-elle, pourtant, entendu nous
» metttre en ce monde comme dans un champ clos, et
» n'a pas envoyé ici-bas les plus forts et les plus avisés
» comme des brigands armés dans une forêt, pour y gour-

» mander les plus faibles ; mais plutôt faut-il croire que
» faisant ainsi aux uns les parts plus grandes, et aux
» autres plus petites, elle voulait faire place à la frater-
» nelle affection, afin qu'elle eût à s'employer, ayant, les
» uns, puissance de donner aide, les autres besoins d'en
» recevoir, il ne faut pas faire doute que nous soyons
» tous libres puisque nous sommes tous compaignons et ne
» peut tomber dans l'entendement de personne que nature
» ait mis aucun en servitude, nous ayant tous mis en
» compaignie. »

L'œuvre de la Boëtie est remarquable surtout, en ce sens que sa philosophie n'est pas empruntée aux traditions théologiques, ni aux testaments biblique ou chrétien, mais qu'elle est puisée aux meilleures sources de l'indépendance morale, à l'équité et à la bonté, s'ornant en plus de la plus exquise érudition.

L'honnête Montaigne, ne cessa d'aimer ce pur philosophe et de vénérer sa mémoire, et cependant il demeura attaché spéculativement aux doctrines opposées. « Nous !
» s'écrie-t-il, être nés pour autrui ! belle maxime dont se
» couvre l'ambition et l'avarice ! pendant que furieux et
» intrépide vous montez à la brêche, affrontant les arque-
» busades, et courant à la mort, à quoi pensez-vous que
» s'occupe celui pour qui vous allez mourir? à jouir de la vie
» et de l'amour. » Cette remarque est amère, mais elle ne contient pas le scepticisme qu'on lui reproche au premier coup d'œil : il y avait, au contraire, dans le cœur de Montaigne, un sentiment virtuel de la justice, dont il voyait trop bien que son époque était privée. De même quand il ajoute : C'est bien en vain que pour opposer la souveraineté de

l'état social à la souveraineté de la nature, l'homme partirait de sa prééminence ! « Les pouls sont suffisants pour » faire vacquer la dictature de Sylla. C'est le déjeuner » d'un petit ver, que le cœur et la vie d'un grand et » triomphant empereur. » Lorsque Montaigne abaisse ainsi l'orgueil humain, il n'en veut qu'au despotisme qui attriste ses regards. Il prétend bien que notre raison, ignorante du principe des choses, ignorante de la mesure des mondes, de la vie et de la destinée, peut s'humilier devant ses infirmités et prendre en pitié cette force qu'abat un accès de fièvre ou de colère ; mais cela veut surtout dire qu'il faut se méfier de l'autorité de cette raison abstraite, dont ceux qui veulent conduire l'humanité ne manquent pas de se dire providentiellement investis. Si le doute de Montaigne nous conduit à l'isolement, cet isolement n'est ni triste, ni austère comme celui des théologiens, ni égoïstement grossier comme celui qui régnait dans certaines classes au XVIIme siècle. Montaigne avoue qu'on peut aimer la vie et la cultiver avec une certaine volupté, mais qu'il convient principalement de ne point redouter la mort, à l'occasion de laquelle on peut vous épargner : « Les cris des enfants » et des femmes, la visite des amis consternés, la lueur » des cierges funéraires, le masque enfin que nous met- » tons sur son visage. » Montaigne ne craint pas les choses de la nature, mais celles introduites par l'homme ; il pense que la bienveillance accompagne le bien-être ; « celui-là seul est bon, dit-il, qui ne souffre pas. » Tout cela lui permet de protester contre l'emploi social d'une raison peu éclairée ; et s'il aime les humbles et les faibles, la nature et la solitude, c'est qu'il a horreur de la violence, de l'injustice et de l'asservissement de l'homme.

A l'opposé de cette morale, on retrouve celle des théocrates, qui est l'émanation directe de la contrainte et de l'autorité révélée avec les conséquences de l'intimidation et de la terreur ; toutefois, cette morale des littérateurs, tout en mettant de côté les sanctions surnaturelles s'épuise en critiques, en satires, en protestations élégantes ; mais elle n'a point à offrir des formules sérieuses ou pratiques, parce qu'elle néglige l'élément fondamental de l'éthique ; savoir : les notions permanentes de la constitution cérébrale dans l'homme et dans l'humanité.

CHAPITRE VI.

DROIT DE PUNIR.

Nous avons dit que la conscience était à elle seule la loi-sanction de la morale. L'homme, objet et sujet de cette science, veut, par essence, le respect de lui-même et des autres en lui. Toute autre disposition impliquerait une contradiction avec les termes qui définissent l'organisme humain.

Les joies de la vertu et les remords en son absence, ce que la logique de Port-Royal appelle *syndérèse*, ont leur tradition historique dans la physiologie de l'homme, et leur spontanéité est attestée aussi bien par les psaumes de David où l'amour de la loi est exprimé avec enthousiasme, comme une perception intime de la justice, que dans les maximes d'Epictète où il faut *quand même* être honnête homme. Ce respect dans la pratique n'est autre chose que l'équilibre général ou le coëfficient des harmonies distinctes de nos facultés. Quant à l'authenticité de la loi morale exprimée par ce résultat harmonique, elle se vérifie, se prouve et se reconnaît par les symptômes qui éclatent à son occasion dans l'homme.

Tout y souffre en l'absence de la justice, tout y est

bien en présence des choses justes. La sanction morale est donc un dilemme qui se suffit à lui-même et qui est une représentation de la loi. C'est la liberté ou la servitude, le doute ou l'affirmation, le savoir ou l'ignorance, le progrès ou la décadence, l'ordre ou l'anarchie, la richesse ou la misère, la civilisation ou la barbarie.

Se trompe-t-on si aisément qu'on le croit dans les faits particuliers, quand il s'agit de les rapporter à une notion fondamentale et irrésistible sur le bien et le mal, l'honnête et le déshonnête, le juste et l'injuste? Il est aisé d'échapper à l'erreur, en appliquant au discernement catégorique que l'on poursuit, non pas l'opinion, qui peut varier de l'un à l'autre, ou se valoir entre deux individus, mais une distinction entre l'espèce et le genre, de façon à bien attribuer les caractères connus et avoués de ce dernier, au redressement des préjugés particuliers qui obscurcissent chaque fait spécial soumis au contrôle. « Il s'agit, dit Marc » Aurèle, de savoir si la volupté est un bien ; pesons-là, » dans cette balance : Je la pèse avec les caractères du bien » qui sont mes poids connus de tous, je la trouve légère, je » la rejette ; car le bien est une chose solide et d'un très-» grand poids. »

La sanction morale cherchée au dedans de nous comme au dehors, c'est l'admiration pour la justice, l'amour ressenti pour la justice, l'attachement à sa loi, l'horreur des actes incivilisés, c'est encore cette réjouissance collective de la conscience quand elle célèbre en commun le bien particulier, et la confusion de l'âme publique à l'occasion d'un crime commis par un seul. La solidarité d'intérêt qui relie l'espèce humaine, n'équivaut-elle pas à une communauté de conscience ?

On se demande souvent quelle part prépondérante l'esprit ou le cœur doivent prendre dans les faits de sanction morale. Suivant cette maxime si connue de Vauvenargues, « que les grandes pensées viennent du cœur, » on serait tenté de cultiver plus soigneusement le sentiment et les sympathies, afin de leur faire dominer l'intelligence, et d'amoindrir les réactions de l'individualisme, il n'y a ici qu'une funeste confusion que M. E. Littré dissipe avec son éloquente austérité, en disant que la théorie de la nature humaine ne permet pas de la subordonner à l'un quelconque des éléments qui la composent...» La subordonner à la partie effective, ce serait avoir de la chaleur sans lumière, la subordonner à la partie intellectuelle, ce serait avoir de la lumière sans chaleur.

Quoiqu'il en soit, du reste, de la source univoque ou complexe, organique ou métaphysique d'où provienne la sanction morale, il y a un droit pénal, antinomique du droit de mal faire et du libre arbitre, et de même que la morale sans la conscience publique ou privée n'est, en ce monde, qu'une déception ou une illusion, de même, sans les principes d'une législation pénale protectrice de la justice, et de l'intégrité de ses interprêtes, conservatrice de la vie, de l'honneur et de la fortune des citoyens, la conscience publique serait un organe sans fonction, une citadelle sans soldats, un château sans fenêtres.

D'autre part, si ces principes ne procédaient pas de la conscience générale, et si le droit pénal était le droit exclusif d'une secte dans l'application des règles morales, on verrait, ce qui par anomalie s'est déjà produit, les moindres erreurs pratiques et mentales cruellement poursuivies ou réprimées. Les opinions religieuses taxées d'hérésie pour une différence inqualifiable vis-à-vis d'un type abstrait et subjectif donneraient lieu à une inquisition sanguinaire, ou bien on verrait des édits proscrire la circulation du sang, défendre l'antimoine, et imposer la logique d'Aristote, ou ordonner que le soleil tournera autour de la terre, le tout sous des peines plus ou moins graves.

Il faut encore que les principes du droit pénal soient circonscrits de façon à ménager dans chaque homme la part inaliénable de cette liberté tant intérieure qu'extérieure et effective qu'il n'a pas voulu abandonner dans son contrat, subi ou consenti, avec le milieu social qui l'entoure. Sans ces précautions, la moralité pourrait n'être attestée que par l'impunité et l'hypocrisie pourrait tenir lieu de vertu. Les affections du foyer pourraient perdre la sauvegarde de leur légitimité désintéressée, si la pénalité sociale venait s'y asseoir et commander à la conduite autonomique de son chef.

Ces considérations, qui ne sont que l'écho des vérités admises par la conscience, ont fini par surgir au-dessus des débats de la passion et des oppositions de l'ignorance. C'est la grande satisfaction de notre époque de constater la grande distance qui, en matière pénale, nous sépare de la législation basée sur la vengeance, législation dont la trace sanglante se montre au début de toutes les civilisations.

Entre ce droit pénal de la vengeance et celui que nous adoptons de nos jours, il y eut le dogme de l'expiation exclusivement religieuse, qui faisait brûler les sorciers, les nécromanciens et les blasphémateurs. Le dernier siècle retentit encore des tortures du jeune chevalier Labarre, coupable d'avoir chanté et plaisanté sur le passage d'une procession.

Le principe théocratique forçant de regarder toutes les lois comme autant de révélations, amenait à punir les infractions les plus inoffensives comme autant de révoltes contre la divinité. Il arrivait donc qu'un crime odieux n'était pas racheté plus sévèrement qu'un petit manquement à la discipline de l'église ou des églises, et on fit mourir des gens qui travaillaient le dimanche ou faisaient gras dans le carême, comme ceux qui tuaient ou volaient sur la grande route.

En perdant peu à peu son terrain social, l'expiation en Dieu fit hériter de ses écarts le despotisme politique auquel elle transmit ses habitudes léonines. Les chefs sociaux, pour une insulte, s'emparèrent des biens des coupables, les suicidés abandonnaient aux rois leur patrimoine, et sous le bon roi Henri IV, on payait de sa vie celle d'un lapin tué sur les terres de Sa Majesté.

D'incontestables améliorations peuvent nous rendre fiers, mais les *desiderata* de l'avenir nous rendent exigeants. Il reste beaucoup à faire et beaucoup à obtenir pour que la pénalité sociale soit réduite aux strictes nécessités sanctionnées par la conscience. Il n'y a plus de tortures, de carcans, de chevalets, ni d'écharpements sur le vif. On n'arrache plus la langue, on ne brûle plus à petit feu ; mais l'échafaud se dresse vingt-cinq fois dans une année en France ; mais il y a plus de 30,000 individus qui, dans les bagnes et les maisons centrales, subissent des peines, excessives ou inutiles, qui ne défendent pas la société, n'améliorent pas les coupables, ne compensent pas le mal produit, et excitent, au contraire, les scrupules de la justice mal satisfaite ou de la commisération inquiétée.

Pourquoi ? parce que nous sommes encore mal édifiés sur les conditions essentielles du droit pénal, et sur la valeur pratique des systèmes dont il est l'objet, systèmes de répression et d'intimidation comme le veulent Bentham et les utilitaires, systèmes de prohibition et de coërcition selon les jurisconsultes modernes qui pensent que la société, incapable de distinguer la culpabilité en elle-même, doit se contenter de se défendre.

Quant à ceux qui décernent à l'homme le droit de punir, nous avons vu avec les partisans du droit divin, comment ils en usent. Si de leur camp on passe dans celui des disciples de Locke ou de Jean-Jacques Rousseau, on voit que, pour eux, l'individu premier détenteur de ce droit, passe pouvoir à la société, sans se soucier de l'impossibilité de transporter cette délégation à des représentants authentiques d'un droit déjà contestable.

Depuis Kant, les philosophes rationalistes et spiritualistes, ont fondé le droit de punir, sur les besoins de la conscience lésée, et sur les satisfactions qu'elle réclame, parce qu'alors la souffrance s'harmonise avec le mal moral et la justice s'équilibre avec l'expiation. Le rôle de la science, c'est de voir dans les déviations de la conduite qui lèse le droit d'autrui et attriste la morale, des symptômes d'anomalie organique, des défaillances d'éducation, des défectuosités fonctionnelles plus ou moins guérissables et réductibles, qui incombent à l'hygiène morale et à la discipline physiologique, avant d'appartenir à la pénalité sociale.

Toutefois, il est nécessaire d'étudier les origines de la pénalité pour se convaincre qu'en définitive, ses applications sont jusqu'à présent identiques, soit dans la théorie de l'utilité et du droit divin, soit dans la théorie des compensations et réciprocités, de façon que les modifications pratiques si désirables, ne pourront surgir que sous l'influence d'une nouvelle donnée théorique.

1° Il n'y a pas dans l'intérêt public une source de légitimité suffisante pour produire le *droit de punir*, car à cette cause publique invoquée souvent sans *criterium* solide, on a sacrifié les droits les plus respectables des individus ou des minorités ; et les mesures atroces ont trouvé des apologistes au nom de la chose publique.

2° Le droit de défense n'implique pas le droit de punir ; car en dehors du défaut évident de corrélation dans les termes comparés, on conçoit que le droit de se défendre n'est pas permanent, il s'épuise avec la mise hors de combat de l'assaillant.

La société, d'ailleurs, ne saurait mettre une mesure d'équilibre dans cette opposition de la force à la force, où tout pencherait de son côté. Elle se contente, il est vrai, de menacer avant d'agir ; mais ses menaces n'étant pas toujours connues sont souvent non-avenues, ou bien elles sont mal proportionnées eu égard aux facilités de l'attaque; et l'intimidation en elle-même ne change pas de caractère, soit qu'elle veuille s'opposer à l'abus de confiance, au vol et à la concussion, soit qu'elle prétende arrêter le meurtre et les guet-à-pens homicides.

Repousser la force par la force n'est pas un droit, c'est un instinct, c'est une spontanéité; mais rendre le mal pour le mal, c'est dans la civilisation actuelle une mesure impossible. La victime d'un vol ou d'une trahison ne peut ni voler, ni trahir. La réciprocité n'est point un principe du droit.

3° Des hommes peuvent-ils se dire les délégués de la divinité ayant mission de punir les infractions à la loi ? — Non, il n'y a plus d'hésitation dans les esprits sur cette question spéciale. Aucun signe ne dénonce à l'humanité ces natures privilégiées auxquelles St.-Augustin, Tertullien et J. de Maistre, assurent que nous devons nous soumettre.

Le dernier champion du droit divin, l'illustre auteur des *soirées* de *St.-Pétersbourg*, qui par ses ironies et ses sarcasmes, croyait reproduire, dans un sens opposé, l'œuvre de démolition admirable de Voltaire, avouait crûment qu'on n'obtenait rien quand on se contentait de bousculer les doctrines sans s'attaquer avec résolution aux individus et aux noms propres. Cet hommage à l'autonomie et à la responsabilité personnelle, ne déplait pas à la philosophie positive qui en tiendra compte à son antagoniste.

Dans la doctrine qu'il soutient, J. de Maistre part de cette atroce idée du catholicisme, que de tout temps et pour toujours la terre est souillée de crimes, que les individus dans les générations successives doivent expier inexorablement.

C'est dans cette répartition de douleurs distribuées par la Providence, que celle-ci accuse son pouvoir temporel, et il ne faut pas, pour cela, la croire méchante, puisque c'est afin de nous reprendre, plus tard, lavés, purifiés, sanctifiés et digne de sa bonté qu'elle nous a traités de la

sorte. Mais a côté de nos maux originels, il y a nos fautes actuelles et c'est alors qu'apparaissent les délégués divins chargés de nous corriger. Parmi ces délégués, « il
» s'en rencontre *un*, qui, sans qu'il y ait moyen d'expliquer
» comment, se trouve partout, et quoique la raison ne
» découvre dans la nature humaine, aucun motif capable
» de déterminer le choix de sa profession. C'est le bour-
» reau !.... Qu'est-ce donc que cet être inexplicable qui a
» préféré à tous les métiers agréables, lucratifs, honnêtes
» et même honorables, celui de mettre à mort ses sem-
» blables ?.... Il est fait comme nous extérieurement et
» naît comme nous ; mais c'est un être extraordinaire, et
» pour qu'il existe, il faut un décret particulier, un *fiat* de
» la puissance créatrice, il est créé comme un monde....
» A peine l'autorité a-t-elle désigné sa demeure, que les
» autres habitations reculent jusqu'à ce qu'elles ne voient
» plus la sienne. C'est au milieu de cette solitude et de
» cette espèce de vide formé autour de lui, qu'il vit seul
» avec sa femelle et ses petits, qui lui font connaître les
» peines de l'homme : un signal lugubre est donné, un
» ministre abject de la justice vient frapper à sa porte, et
» l'avertir qu'on a besoin de lui, il part, il arrive sur la
» place publique couverte d'une foule palpitante, on lui
» jette un parricide ou un sacrilège, il le saisit, il l'étend,
» il le lie sur une croix horizontale, il lève le bras, il se
» fait un silence horrible, on n'entend que le cri des os qui
» éclatent sous la barre ; il descend la main souillée de
» sang, et la justice y jette quelques pièces d'or qu'il
» emporte à travers une double haie d'hommes écartés
» par l'horreur. Il se met à table et il mange, au lit ensuite

» et il dort ; Est-ce un homme ? Oui, Dieu le reçoit dans
» ses temples et lui permet de prier, ce n'est pas un cri-
» minel, et cependant aucune langue ne consent à dire
» qu'il est vertueux, aimable, honnête homme, nul éloge
» moral ne peut lui convenir, car tous supposent les rap-
» ports avec les hommes, et il n'en a point. »

Il résulte de ce tableau, que si l'être si singulièrement providentiel appelé bourreau, cessait de se montrer sur la place publique, et consentait à mériter, « en sa qualité d'homme qui prie, » un éloge moral au lieu d'aimer à rester en butte à l'horreur universelle ci-dessus décrite, ce jour là son emploi serait *ipso facto*, vacant ou supprimé.

C'est en effet ce résultat que poursuit notre espérance, et parmi tous les arguments contre la peine de mort, il n'y en a pas, selon nous, de plus important que celui-là, « l'absence réelle du bourreau ; » cette absence fait retrouver un être moral, perdu sous l'enveloppe d'un être horrible et seulement acceptable au point de vue du péché originel, dont il poursuit la réparation.

Si l'on veut que la peine de mort disparaisse, il faut s'entendre pour qu'il n'y ait plus de bourreau, il faut, pour cela, lui conserver, à ce bourreau, la physionomie épouvantable que M. J. de Maistre lui a donnée, au lieu de le civiliser avec un scrupule juridique erroné.

Aujourd'hui, un bourreau, en retraite, est un littérateur et presque un journaliste, il publie des mémoires et des chroniques ; il ne faut pas le lire, il faut continuer à avoir de l'horreur pour lui, et si le bon Dieu lui permet de prier et de communier dans ses temples, il faut lui fermer tout accès chez les libraires et dans les cabinets de lecture. Simplement, il faut lui refuser le titre de notre semblable. Nous verrons si, après son éclipse, on trouve parmi les juges, les jurés, les témoins et les avocats-généraux, un seul individu qui veuille tenir la place de cet être providentiel que le bon Dieu a placé si généreusement parmi nous.

De cette justice par divine délégation, il résulterait aussi bien, comme conséquence 1° qu'il n'y aurait jamais ni erreur, ni injustice à relever ; c'est ce que de Maistre avouait contre Voltaire, voulant réhabiliter Calas, lequel, selon le théologien Sarde, avait sans-doute mérité l'expiation qu'il a fourni ; 2° que nos souffrances maladives sont des fautes et que tout malade est dans sa personne ou celle de ses ancêtres, un coupable méritant sa peine ; 3° que les sauvages ne sont pas des peuples enfants, et que loin d'être à l'aurore d'un avenir prospère, ce sont des réprouvés, des anathèmes, des maudits, des misérables, dont le sort mérité, est écrit en lettres infamantes dans leur double difformité physique et morale ; ils sont punis « de quelque » crime extraordinaire, que notre raison même ne peut » plus concevoir aujourd'hui et que nos forces ne suffi- » raient pas à accomplir, » (p. 102, t. 1ᵉʳ, *Soirées de St-Pétersbourg*) ; 4° que la guerre est pour Dieu un moyen d'assouvir sa vengeance, moyen à ce point providentiel, que l'honneur et la gloire, le génie et l'enthousiasme du carnage, tous les sacrifices et toutes les joies de l'homme s'y trouvent encore concentrés ; 5° que cette justice divine a un tel besoin de nos expiations, qu'elle fait appel au sang purificateur des sacrifices qu'on retrouve partout dans l'histoire, depuis la Bible jusqu'à l'Inquisition.

Énumérer ces conséquences, c'est en montrer l'inanité et la niaise exagération, si Dieu se venge avec une telle persévérance de notre perversité, pourquoi ajouter à ses procédés de juridiction ? et s'il charge les rois et les gendarmes de nous châtier, qu'avons nous besoin d'ajouter des listes civiles et des médailles d'encouragement au traitement que le bon Dieu doit savoir accorder à ses délégués !

Le droit de punir ou pour mieux dire, par avance, le droit de répression et de réparation rentre dans le domaine de la science assez avancée pour formuler l'éthique et instituer des règles morales pour les individus et les collectivités. Un pareil rôle est dans sa compétence sinon actuelle au moins future et virtuelle. Nous avons montré au troisième chapitre sur quelles bases la philosophie positive a édifié la théorie du moral humain, et quelle valeur relativement aux notions théologiques ou métaphysiques, cette théorie nous fournit vis-à-vis de l'éthique privée et générale. Gallb peut supporter la responsabilité des conclusions neuves et importantes qui dérivent de sa doctrine admirable. Il n'est d'ailleurs pas impossible de l'exonérer des reproches que la mauvaise foi ou l'ignorance ont attirés sur la théorie des fonctions du cerveau.

L'argument d'irrésistibilité fatale dans les actes, tombe à faux, parceque les organes cérébraux assimilés dans leurs vicissitudes aux autres organes de l'économie restent comme ces derniers, soumis à toutes les conséquences fonctionnelles de l'excès ou du défaut d'action, selon les conditions d'activité ou d'inertie relatives qu'ils subissent.

Solidaires entre elles, nos facultés affectives comme nos

facultés intellectuelles se subordonnent, s'atténuent, s'harmonisent les unes par les autres, selon leur culture réciproque et selon le niveau de croissance sociale du milieu où elles font leur évolution, tout en conservant leur idoneité autonomique.

Il n'est donc pas vrai que l'organologie cérébrale veuille placer tous les scélérats dans une catégorie d'infirmes dignes de pitié et non de punition. Gall ne les exonère pas d'une grave responsabilité, il s'en faut du tout au tout; mais il a raison d'avancer qu'il ne faut pas essayer de sauver la nature du reproche d'être l'auteur du penchant au vol. Ce penchant est le résultat d'un très-grand développement et d'une activité très-énergique du sentiment de la propriété.

L'Empereur Napoléon à Saint-Hélène s'occupant rétrospectivement des idées qui agitaient son époque, fit sur la question phrénologique du vol, cette remarque maladroite, que si les hommes n'avaient pas inventé la propriété, les savants n'auraient pu rencontrer ce criminel organe du vol.

C'était faire une pétition de principe que de raisonner ainsi, car c'est précisément parce que l'instinct de la propriété est inné, que cet instinct s'est réalisé dans et par la constitution de la propriété, de même que c'est sous l'influence de l'instinct militaire, soit constructeur soit destructeur, que le prisonnier de Sainte-Hélène a pu abuser d'une malheureuse organisation, qui ne fait plus illusion, désormais, qu'à des admirateurs ignorants ou intéressés. L'argument de J. de Maistre qui voyait dans les malheureux comme dans les criminels autant de coupables misérablement confondus dans la même animadversion divine par suite de l'hérédité du péché, cet argument pour n'être pas scientifique était moins loin de la vérité biologique que ne l'est l'opinion illogique du grand batailleur corse ; car il suffit de remplacer le fatalisme théocratique de Maistre, par les exigences organiques et la dynamie du cerveau, pour retrouver le vrai sens des choses.

On oppose qu'à l'instar de tous les autres penchants plus ou moins gouvernables, la conscience elle-même, la volonté, le jugement, en suivant la même destinée, seront plus ou moins développés et par conséquent placés vis-à-vis de l'expiation, de la contrainte, ou de la pénalité, dans les mêmes droits et conditions que les penchants ordinaires.

D'abord, nous avons vu que sous ces mots : conscience, libre-arbitre, jugement, nous ne pouvions admettre des entités agissantes spéciales, mais des synthèses fonctionnelles et des résultantes logiques, le bon sens public admet sous le rapport de la liberté et du discernement moral, des différences individuelles et variables qui supposent un variable organisme correspondant dans chaque constitution.

Punir ou intimider l'homme dont le moral résulte, nous dit-on, d'une dose un peu moindre ou un peu plus forte qu'il a reçue de matière organique, est aussi insensé que punir ou intimider un homme qui boite parce qu'il a une jambe plus courte que l'autre ; il n'y a pas d'assimilation possible dans ces deux cas, et l'ironie de la comparaison est inutile ; ce n'est pas parce qu'un individu a une particule cérébrale trop longue ou trop courte, trop grosse ou trop petite, un cervelet trop large ou un cerveau trop étroit, qu'on le regarde comme vicieux ou criminel et qu'on le couvre à l'occasion d'une infamie méritée. Mais, de même que, dans les défectuosités des organes du mouvement, on a recours à des exercices, à un régime approprié et à des instruments gymnastiques, afin de rendre par une activité bien dirigée la normalité à un organe affaibli, ou par une atténuation d'action, la normalité à un organe surexcité, ou encore par une substitution et un déplacement fonctionnel, la normalité à un organe défectueux et résistant au traitement direct ; de même l'éducation, la pédagogie, la morale didactique qui est l'expression des données de l'expérience sociale sur la faculté juridique, prétendent ramener nos organes cérébraux à un mode harmonique de fonctionnement qui équivaut à l'idéal de l'éthique.

La persévérance des maîtres prouve la confiance qu'ils ont dans les modificateurs de l'organisme encéphalique, et il est certain qu'ils redressent des penchants vicieux comme on redresse la taille par une thérapeutique, dans les deux cas, aussi réelle quoique diversifiée.

Si le mépris, le dédain, le blâme et les punitions sociales sont efficaces, tant mieux, couvrons d'infamie ceux qui ayant forfait à l'honneur, ne méconnaissent pas cette lumière de la conduite et acceptent dans leur conscience le rachat de leur infamie momentanée.

Une telle orthopédie morale et intellectuelle, est comprise et acceptée par tous.

Les prisons elles-mêmes, sont des hôpitaux du moral, qui laissent, les uns et les autres, à désirer seulement au point de vue du régime et des résultats qu'on y rencontre.

La doctrine qui fait dépendre nos actions de nos penchants et nos penchants de notre organisation cérébrale, ne compromet ni notre responsabilité, ni l'existence des règles de la morale. Le bien et le mal n'existent pas à *priori* d'une manière absolue et ontologique, ce sont nos actes qui permettent d'en formuler l'idée concrète et déductive. On désignera toujours sous le nom de crimes, le vol et l'assassinat, parce que les sentiments primitifs de justice, d'équilibre, de réciprocité, de sympathie, de compassion et de bienveillance, protestent socialement contre la violence et le meurtre. Il peut être démontré que l'instinct de destruction, poussé jusqu'au penchant homicide par une association fâcheuse avec d'autres dispositions, devienne vainqueur des résistances de la conscience, représentée par la masse des facultés qui restent en concurrence; l'humanité sait trop bien combien elle a à gémir des défaillances de la justice ! Mais cette dernière règne avec autorité, sans quoi la notion de l'état normal nous manquerait tandis que cette notion est le fruit de l'expérience et de l'observation déjà bien des fois séculaires dans l'humanité.

Le bien, le beau, le vrai, ont, de la sorte, un sens moral, intellectuel et synthétique, sans avoir une essence ontologique ou absolue; et l'idée du devoir pour cesser d'être un *à priori* et une subjectivité, est, à ce point avantageuse pour chaque individu, qu'elle équivaut à une loi générale pour les semblables qu'il identifie à sa destinée.

Dans l'évolution de nos instincts de sympathie, d'amour, et d'estime de soi, etc., il y a le vrai, le beau et le bon, et nos penchants personnels et impersonnels, se développent avec concurrence et simultanéité, sans nous retirer le sentiment de notre unité morale, parce que le résultat de leur action est lui-même une unité, une synthèse, une condensation morale et intellectuelle de nos sentiments et des notions de l'esprit.

On a beaucoup critiqué les prétentions diagnostiques des phrénologues impatiens qui ont rencontré sur les têtes des scélérats fieffés, les organes de la douceur, de l'amour filial, de la vénération théosophique très développés. Leur naïveté scientifique a été exposée à des pièges innocents ou elle n'a pas manqué de rencontrer son Waterloo : Fieschi et Dumolard ont été trouvés doués des meilleures bosses ; une autre fois, les voleurs d'une maison de détention ayant été habillés en infirmiers, on pria un adepte de la cranioscopie d'examiner ces prétendus infirmiers aux quels le phrénologue ne trouve rien de particulier, et alors on retire le déguisement pour attester au savant confus qu'il a méconnu des voleurs endurcis.

Mais les adversaires de la doctrine de Gall oublient qu'ils ne lui contestent pas seulement ses localisations, qui sont, en effet, un *desideratum* de la science, relégué comme une question réservée, tandis qu'ils continuent d'opposer hardiment à notre doctrine le principe de l'unité fonctionnelle du cerveau où toute distinction de pluralité organique serait, selon eux, inadmissible. Or longtemps déjà avant l'époque où Gall dût intervenir, on déclarait impossible cette division cérébrale qui éclate historiquement sur beaucoup d'individus observés par les moralistes.

S^{te}.-Thérèse, St.-Bernard, St.-Thomas Akempis, Newton et Kent ont manifesté pour l'étude et la méditation une propension spéciale et sans distraction ; mais il est certain par suite des aveux ou professions de foi de ces cinq personnages, que les suggestions instinctives de l'érotisme et de la philogéniture, étaient nulles ou faibles chez ces illustres individus, ce qui explique leur facile renoncement ou leur éloignement pour les plaisirs ou les fonctions sexuelles.

Un organisme normal ne comporte ni de tels aveux, ni de telles allures ; et le haut dédain des mystiques pour les affections terrestres n'est pour l'ordinaire qu'une preuve indirecte de leur incapacité philogénique ou sympathique.

S'il est désagréable d'entendre dire que le génie soit une névrose, il est cependant impossible de spécifier par quelles conditions intellectuelles et morales il est représenté.

On peut aussi, pour échapper aux qualifications concrètes et ontologiques, dire que le crime et la vertu sont des produits synthétiques de plusieurs facultés en action harmonique. Les Régulus, les d'Assas, les Bisson, tant de héros ou de martyrs, dans la science ou dans la politique, sont vénérables à l'humanité, sans posséder des organes nouveaux ou différents, sans être pénétrés surnaturellement de qualités autres que celles conquises par leur propre autonomie, sur un organisme plus ou moins spécial et favorable.

Si on demande comment on honorera les grands hommes et comment on arrêtera le bras des criminels, du moment où les premiers seront considérés comme des névrosés et les seconds comme des infirmes, il faudra répondre d'abord que les grands hommes n'ont pas tant besoin d'un brevet de distinction, que d'une approbation pour leurs œuvres, et que l'ingratitude ou l'admiration ne changent rien à leur valeur. Quant aux criminels, on suppose que la conscience leur reste, dès qu'on leur impose la restitution, la compensation ou l'expiation pour leurs actes injustes et pervers. C'est pourquoi l'on s'efforce d'éclairer les intelligences et de proportionner les pénalités aux lumières dont chacun dispose.

Il est, en effet, reconnu que la rétribution du mal pour le mal, ne fournit pas d'élément légitime au droit de punir. Une peine sert d'exemple à ceux qui en sont les témoins, elle peut les détourner du crime par la menace qu'elle contient, mais si on la suppose appliquée par la force, elle serait encore intimidante alors qu'elle serait injuste, et son efficacité se perpétuerait peut-être en dépit des protestations du sens moral ; donc, puisque par la force seule, on peut intimider et proposer une injustice exemplaire, le fondement de la peine ne peut consister dans la publicité pénale. Il n'est pas d'avantage dans la correction, car rien n'indique que la société ait le droit de corriger ceux qui ne veulent pas faire expiation entre ses mains. L'intérêt social est un motif important dans la distribution des peines, mais encore faut-il que cet intérêt soit d'accord avec la réalité morale du délit, pour qu'on soit autorisé à l'atteindre, et dans le cas où l'inculpé récuse le juge, qui aura qualité pour déterminer cette réalité morale du délit ?

Dans la punition par la loi, il y a une triple connexion de principes, 1° l'expiation consentie par la conscience ; 2° la défense sociale, indispensable à la collectivité ; 3° la protection du faible contre le fort forment l'antinomie avec le droit de défense sociale ;

L'expiation acceptée dans le but de retrouver l'estime de soi, suppose qu'on peut, par la solitude et la prison, s'assimiler la désapprobation encourue, boire en secret sa honte, et ne reparaître que purifié et racheté devant ceux qu'on estime comme on s'estime désormais soi-même.

Le droit de défense et le besoin de protection s'expliquent non pas en identifiant les droits de la famille et de la paternité avec ceux de l'état, mais en accordant au contrat souscrit entre l'individu privé et l'individu collectif, une valeur invariable consistant dans les lois d'équilibre et de réciprocité.

Faut-il rechercher maintenant d'où vient l'équation nécessaire entre le mal moral et la souffrance, entre le crime et l'expiation, entre le délit et la réparation, pour savoir comment la société a pu s'arroger le droit à la distribution pénale, sous cette triple forme qu'elle provoque de la retribution, de l'expiation et de la protection ?

Avec le système arbitraire des lois théocratiques ou révélées, cela est trop facile, chaque individu abandonne sa conscience, et emprunte celle d'un prêtre qui seul reconnait l'immoralité sous toutes ses formes et les signale à son pénitent confus. Avec la doctrine de l'autonomie juridique, l'homme étant sociable, intelligent, sensible, on ne peut sans le dénaturer, le considérer en *dehors de ces divers attributs.* « Ce serait, dit le professeur Rossi (*Traité du Droit Pénal*), nous parler de la nature des poissons comme vivant hors de l'eau : En conséquence, dans la vie collective comme dans la vie individuelle, le bien et le mal, l'utile et son contraire, se rétribuent et se compensent par alternative.

Tout ce qui trouble l'ordre général doit être redressé, reparé, modifié, comme tout ce qui dérange l'économie privée. L'organisme social et l'organisme individuel ont, du côté de la justice, des fonctions identiques à accomplir et sans abandonner par délégation leurs droits respectifs, ce qui constitue une absurde et lâche concession à l'autocratie extérieure, ils doivent, l'un et l'autre, se développer et reconnaître les moyens de rétablir l'ordre par des conventions, comme la synthèse reconstitue ce que l'analyse a divisé.

La pénalité comprend forcément l'intimidation, la punition et l'amendement; mais ce sont des conséquences et non des *à priori*, nous avons reproduit souvent ce puissant aphorisme de la philosophie positive : « Savoir c'est prévoir. » Or, l'expérience des deux organismes, a fait déduire de leurs besoins d'équilibre, les diverses formules pénales et juridiques successivement inscrites dans nos codes. A ce titre, prévenir les crimes, c'est l'effet de la pénalité, ce n'est pas son principe.

Kant, pensait que la justice absolue soit du côté de la société, soit du côté de l'individu, était à ce point impérative, qu'on ne devait jamais prononcer une peine dans le simple but de procurer un avantage au coupable même, mais par la seule raison que ce coupable a fait le mal :
« Un homme condamné à mort dans une île qui sera tout-
» à-l'heure abandonnée devra subir sa peine avant
» la dissolution de la société, afin que le crime ne reste
» pas impuni, afin que le peuple qui laisserait échapper un
» tel criminel à la sévérité des lois, se préserve de la honte
» d'être son complice. »

On voit, à part l'ontologisme de cet impératif catégorique, que le philosophe de Kœnisberg, identifie les organismes privés et collectifs de façon à leur imposer les mêmes conditions et nécessités morales et juridiques. Il ajoute, en effet, « le mal que tu fais à un autre d'entre le peuple, tu le fais à toi-même : — si tu le déshonores, tu te déshonores toi-même, si tu le voles, tu te voles, si tu le frappes, si tu le fais mourir, tu te frappes et tu te fais mourir toi-même : entre le châtiment et la faute, le seul rapport possible est celui de l'égalité. Le seul droit du talion peut déterminer d'une manière précise la qualité et la quantité de la peine à la barre du Tribunal. Tous les autres droits sont chancelants et ne peuvent s'accorder avec la sentence d'une justice pure et rigoureuse. »

De cette théorie il résulte que les lois pénales, expression de la justice et de la moralité collective et privée, c'est-à-dire d'un double organisme correlatif, sont rationnelles, légitimes et nécessaires, dès qu'elles consacrent les intérêts parallèles de l'un et de l'autre, en abandonnant les prétentions autocratiques de la révélation ou de la subjectivité métaphysique.

Parmi les moyens usités en matière pénale, la société conserve les prisons, l'éloignement colonial, la surveillance, le travail et l'instruction forcés ; mais elle a pu renoncer aux tortures, aux supplices longs, à la flagellation, à la marque, au carcan et aux expositions publiques ; ne peut-elle renoncer bientôt à la peine de mort ? Aucune bonne raison, selon nous, ne milite en faveur de sa conservation.

On l'appliqua dans l'antiquité et dans le moyen-âge avec

des raffinements de cruauté qui étonnent et révoltent aujourd'hui tous nos sentiments. La Genèse, cependant, ne condamna pas à la mort le premier meurtrier de l'humanité. Caïn demeura sur la terre pour y errer avec son nfamie, l'Évangile disant qu'on périt par l'épée quand on se sert de l'épée, dénonce le fait mais ne le sanctionne pas, car il fait donner un manteau à qui vous a pris une tunique, et tendre la joue gauche à qui a frappé la droite.

Au dix-huitième siècle, Beccaria honoré en ce moment par des apothéoses patriotiques, n'eut pour lui, ni Montesquieu, ni Voltaire, ni Hobbes, ni J. J. Rousseau. En vain, opposait-il à la théorie de l'abdication individuelle si paradoxalement exposée dans le contrat social, l'argument qui en vient, c'est-à-dire l'impossibilité d'aliéner ce qu'on ne possède pas, autrement dit l'impossibilité de transmettre sur sa vie un droit qu'on n'a pas soi-même ; l'abus de ce droit de vie et de mort déposé entre les mains de la société fut, précisément à cette époque, monstrueux et systématiquement cruel. La révolution en France y épuisa les satisfactions de ses colères, et tandis que Léopold de Toscane, Elisabeth et Catherine de Russie, Joseph II d'Autriche, commençaient à supprimer la peine capitale, nous en restions à discuter la mort civile et ses conséquences.

Pour le reste, le député Lepelletier de Saint-Fargeau, disait à l'Assemblée constituante « que le citoyen déclaré rebelle par un décret, doit cesser de vivre moins pour expier son crime que pour donner une sûreté à l'État. » La Convention dans les derniers jours de son existence, décréta que la peine de mort serait abolie dans toute l'étendue de la République, mais que ce décret ne serait exécutoire qu'à la paix générale.

Cet ajournement en causa la décadence, car vingt années de guerres et de réaction rétrogrades succédèrent à cet effort humanitaire de l'immortelle Assemblée.

Le code pénal de 1810 appliqua la peine de mort à vingt-deux cas auxquels la Restauration ajouta celui du sacrilège, sous ce prétexte odieux dû à M. de Bonald « qu'il convient de renvoyer le coupable devant son juge naturel. »

La Constituante avait proposé le maintien de la peine de mort en matière politique, ce qui restituait par une responsabilité considérable pesant sur les contre-révolutionnaires, une garantie sociale et démocratique : mais la Restauration fit des efforts en sens contraire, pour ouvrir la carrière aux luttes sans danger des oppositions plus ou moins courageuses.

Dans un concours ouvert par la Société de Morale Chrétienne en 1826, dix concurrents sur onze, y compris le lauréat M. Ch. Lucas, inspecteur général des prisons, conclurent à l'abolition absolue de la peine de mort. Pendant six mois de 1826, huit condamnations à mort avaient été prononcées contre des individus que les suites de leurs pourvois dispensèrent de la guillotine. Le marquis de Larochefoucault avait trouvé, de son côté, que six arrêts de mort annuellement cassés pendant vingt ans, avaient été transformés en cent vingt acquittements.

Toutefois, les métaphysiciens et les théocrates tiennent à la peine de mort pour plusieurs motifs : 1° Ni Socrate, ni Jésus, ni les héros de nos grands drames sociaux, s'ils n'avaient subi la peine de mort, ne seraient, disent-ils, ces rédempteurs autorisés dont le supplice fait le triomphe et que l'humanité ensevelit dans le linceuil de la gloire ; 2° Comment retrancher aux règles sévères de la discipline spéciale des soldats, cette sanction d'honneur qu'ils préfèrent à la prison et aux corrections ? Un maréchal de France peut-il être condamné aux travaux forcés ? 3° Dans l'accomplissement des fins de l'univers, la vie et la mort se tiennent comme des nécessités égales entre elles : Tantôt rien ne vaut plus que la vie, tantôt rien ne vaut autant que la mort. Comme dans le monde sidéral qui n'est qu'une suite d'attractions et de répulsions, il n'y a dans l'histoire humaine qu'une inexorable alternative de vie et de mort ; la mort qui frappe l'enfance, la jeunesse, l'homme heureux et utile, n'est pas, quoique dite naturelle, très-différente de la mort dite violente distribuée si facilement par la guerre ; 4° L'État et la société sont deux entités qui ne doivent pas s'exclure réciproquement. L'un est une partie du tout qu'on appelle la société, mais il a pour attribut de coordonner, de dominer et diriger les forces organiques dont se compose le système social, et à ce titre, il retient la paix ou la guerre, la vie et la mort. L'État est comme dans l'apologue de Ménénius, bien au-dessus des individus, et les citoyens lui sont hiérarchiquement surbordonnés, parce qu'ils sont les simples membres d'un corps dont l'État est l'esprit. « *Majestas populi.* »

Ces cinq arguments ne nous paraissent pas résoudre la question pratique de la peine de mort. Les métaphysiciens disent bien que l'autonomie individuelle est absorbée par l'autonomie sociale, et qu'il ne s'agit pas de savoir si l'État use plus ou moins bien de ses droits pourvu qu'on ne les lui conteste pas; mais nous savons le cas qu'il faut faire de ces entités doubles ou séparées. Avec cette prépondérance métaphysique de l'État, on doit, dit-on, placer en dehors de l'opinion, en dehors du sentiment et de l'intérêt de l'individu, la peine de mort qui sauvegarde l'avenir social. Si l'État ne peut pas demander moins que la vie pour toutes les protections qu'il a le devoir d'exercer, il n'y a pas de raison pour lui refuser ce nécessaire; puis on ajoute:

« Il y a un lien objectif entre la faute et la peine, et c'est dans la réconciliation des principes opposés mais solidaires de la peine et de la faute, qu'on retrouve l'unité harmonique du monde et la vraie source du bien. » L'antagonisme et la lutte sont dans l'essence des choses et par suite dans l'évolution de l'histoire. La bible consacre le Dieu de la paix et le Dieu de la guerre, car la défense de manger la pomme, implique la pensée qu'elle pourra être mangée, et l'être humain reste avec son sens juridique entre ces deux oppositions également divines, ayant devant lui la loi et près de lui la négation de la loi, c'est-à-dire la faute réparée par la peine, c'est-à-dire une thèse, une antithèse et une synthèse à reconnaître et à dégager.

C'est encore la métaphysique qui soutient que dans l'histoire de la pomme biblique, Dieu fit tomber la prohibition sur la satisfaction du désir, parce que sans cette satisfaction, l'être juridique humain n'eût pas été complet, et si le précepte eût été sans appui et isolé, rien n'eût tranché le différend. Adam devenait l'égal de Dieu, il connaissait tout comme lui et manifestait comme lui puissance et volonté; mais la peine intervient et l'empire de la loi est rétabli, la sanction pénale occupe une place plus importante que le précepte.

Le précepte jouant le rôle de la volonté collective voulait soumettre l'individu représentant la volonté personnelle ; réciproquement, l'individualité, voulant à son tour se substituer à la généralité, la collision existe tant que la peine n'arrive pas apaiser le conflit en résumant les contraires, formuler la synthèse en annulant la thèse et l'antithèse.

Par sa nature et son efficacité la peine met effectivement dans la loi ce qui était dans la faute et dans la faute ce qui était dans la loi. Quant à la force qui était dans la faute, elle passe dans la loi ; la conciliation des contraires c'est l'expiation autrement dit une récupération du droit au moyen du principe pénal qui dépasse, à la fois, par son importance réconciliatrice le commandement abstrait et la faute réalisée.

La peine doit avoir une proportionnalité qui rende le châtiment adéquat à l'offense afin que la loi ne soit pas négative : on appelle proportion un rapport quantitatif ou numerique entre deux ou plusieurs termes dont l'un par son augmentation ou sa diminution fait varier les autres d'une certaine quantité, or les termes de la justice comprennent entre eux de tels rapports de proportion qu'on y retrouve toujours la mesure de la peine.

Cette dernière pour bien réconcilier la loi et la faute doit donc en quantité et autant que possible en qualité s'identifier et s'égaler avec cette faute. Entre le vol et l'homicide, il y a vis à vis du droit violé et du tort commis, une différence de degré comme de nature ; et dans cet ordre d'idées la mort est souvent indiquée. sans cela le pouvoir de l'individu dépasserait le pouvoir de l'Etat et le premier accomplirait ce qui serait refusé au second ainsi mutilé.

Ainsi raisonne et procède avec ses *à priori*, ses entités et ses subjectivités, toute l'école métaphysique et spiritualiste, isolée qu'elle est des notions biologiques et positives fournies par l'expérience et l'observation, et incapable de tenir compte des évolutions physiologiques de nos instincts à travers l'histoire privée et collective, pour fonder une éthique rationnelle sur la base solide de notre organisation cérébrale.

Son entêtement à poursuivre l'étude si vaine des causes premières, ses prétentions maladroites à la détermination des mots matière, espace, temps, subsistance, vie, âme, esprit, Dieu, qui lui font négliger les rapports des choses au profit de l'absolu des phénomènes, tout cela devait la conduire aux abstractions logomachiques que nous venons de passer en revue. Faut-il accepter le reproche qu'elle nous adresse, de méconnaître cet absolu, cette immensité, cet inaccessible et cet incognoscible, qui au contraire nous représentent « un océan qui bat notre rive, et pour » lequel nous n'avons ni barque, ni voile, mais dont la » claire vision est aussi salutaire que formidable ; » salutaire, parce qu'elle nous dispense de stériles efforts ; formidable, parce qu'elle nous arrête dans notre présomptueuse impatience ? nous dédaignons comme on le voit ce reproche.

La paix et la guerre, la santé et la mort, la liberté et le despotisme, sont des accidents plutôt que des fatalités inexorables. Nos législations ne sont établies *à priori*, ni sur la force d'un droit abstrait, ni sur le droit d'une force inconsciente, elles sont la formule des phénomènes sociaux superposés. La peine de mort n'est pas plus nécessaire que la guerre. Elles ne sont, ni l'une ni l'autre, le principe d'aucune justice. Longtemps la guerre a été considérée comme la dernière raison de deux peuples ayant tous deux raison. Symbolisée par Mars, Bellone, Odin et Isis, tant qu'il y avait des forces transcendantes à invoquer, elle était poursuivie avec rage à cause de cette incarnation providentielle, dans laquelle on résumait la gloire, la force, le courage et même les générosités du cœur humain.

Aujourd'hui, toute cette fantasmagorie céleste ayant disparu, nous avons simplement dans l'histoire et dans la morale à observer et à diriger les manifestations physiologiques d'un instinct jusqu'à présent grossier et féroce, mais susceptible d'être ramené comme nos autres facultés, à un fonctionnement moins égoïste, c'est-à-dire sympathique et impersonnel.

Cet instinct militaire à la fois destructeur et constructeur que la biologie positive a admis comme primordial et fondamental, a fourni l'idée de la nécessité de la guerre avec ses fatalités providentielles ; oui, l'instinct de la lutte est en nous, et ce n'est pas le caprice d'une divinité quelconque qui nous amène sur les champs de bataille, mais tandis que les résistances que nous avions à vaincre exigeaient le sacrifice des existences humaines, nous n'avons plus besoin maintenant d'être sanguinaires systématiquement, et la guerre en s'éloignant de nos mœurs fera disparaître avec elle le cortège subsidiaire des mauvaises passions qu'elle entraînait.

Cet instinct militant, jadis exclusivement destructeur, s'exerce paisiblement de nos jours dans l'industrie qui tranche ou perce les montagnes, comble les vallées, ouvre des canaux, fait sauter les rochers, comprime et dilate les gaz et fait circuler autour du globe la parole de l'homme plus rapidement que le soleil n'envoie sa lumière ou que l'air ne transmet le son : bientôt donc la mort dans la guerre comme la mort sur l'échafaud seront inutiles ; nos bons instincts le pressentent, l'histoire l'annonce, et la morale en exigera la disparition.

CHAPITRE VII.

SANCTION DES CATÉCHISMES DANS L'ÉDUCATION CLÉRICALE.

Le libre-arbitre s'appelle en théologie, liberté d'indifférence, parce qu'on suppose que les motifs ne nous imposent aucune nécessité d'action, et l'on ajoute (Bergier, vol. II, p. 429), que le libre-arbitre est une vérité de conscience qui se conçoit mieux par le sentiment intérieur que par aucune définition.

Toutefois, les commentaires ne manquent pas sur cette question et voici ce qu'on dégage de plus important parmi les arguments de l'école.

On pense que dans cette parole de Dieu à Caïn (Genèse, ch. IV) : « tes penchants te sont soumis et tu en seras le maître. » Dieu a voulu dire que vis-à-vis de toutes nos suggestions instinctives, nous sommes impassibles jusqu'à ce que la grâce venant atténuer la concupiscence, il y ait lutte entre ces deux principes ; lorsque Pélasge osa prétendre que la grâce détruisait la liberté, Saint-Augustin lui répondit qu'il nous restait le pouvoir de conserver une parfaite justice *pour la vie promise dans le paradis*, où nous serons, à notre aise, toujours vertueux. L'enfer et le ciel sont, en effet, l'unique et définitive sanction de notre vie morale, oscillant sans cesse entre la grâce et la concupiscence théologiques, entre la liberté et la fatalité, entre la volonté et la nécessité.

Aussi, au lieu d'avoir une morale naturelle et physiologique qui seule satisfait le cœur, élève l'esprit, et n'égare pas la raison, nous sommes en présence d'une morale métaphysique où la révélation mêle l'intimidation à l'égoïsme, et dont les dictées plus ou moins catégoriques sont en opposition avec les données réelles de notre activité, avec les exigences d'un libre arbitre s'élargissant sans cesse.

Car en face du monde extérieur peu à peu dompté, se dresse notre moi qui est l'antithèse et l'antinomie de la nature cosmique qui lui résiste, c'est ce moi qui est discuté avec tant d'obscurité par les philosophes pour lesquels il est tantôt cause et tantôt effet, tantôt le principe de l'activité, tantôt le produit de l'organisme en action.

Mais nous sommes fixés aujourd'hui sur la signification qu'il faut lui donner, le moi opposé au non-moi, c'est l'organisme opposé à son milieu, c'est la matière vivante contre la matière inorganique : nous formulons le moi en disant qu'il est la synthèse de toutes les activités organiques s'assimilant le monde, ce qui fait que ce moi est toujours un et variable puisque le milieu où il lutte varie dans la succession des phénomènes que notre activité fait naître, par ses rapports avec lui.

En niant la persistance du moi après la mort, on est guidé par des analogies plus sensibles que celles qui affirment sa survivance, à l'occasion de laquelle chacun fait un roman plus ou moins joli et naïf, mais toujours anti-scientifique. Mais l'enseignement clérical impose à cette hypothèse de la foi, des conséquences si graves, et des énormités pédagogiques si déplorables, qu'il est impossible de les laisser passer sans protestation.

Le dogme de la résurrection de la chair, ajouté au dogme de l'enfer réel, constitue une complication abominable, capable de troubler injustement les intelligences médiocres pendant le commerce déjà si difficile de la vie, et à ce titre nous devons en dévoiler les exagérations, funestes en raison des émotions provoquées.

La théologie catholique définit l'enfer : « Lieu de tourment où les méchants subiront après cette vie, la peine due à leurs crimes ; » l'enfer est l'opposé du ciel ou du paradis, dans lequel les justes recevront la récompense de leurs vertus.

Dans le *Nouveau Testament*, l'enfer est désigné fréquemment par le mot *Gehenna, ignis, vallée de feu*, parceque les juifs connaissaient sous ce nom une vallée avec cratère, feu et souffre, située aux environs de Jérusalem où jadis les idolâtres sacrifiaient à Moloch, et pratiquaient les initiations.

Il parait qu'on a supposé à tort les anciens hébreux et Moïse exempts de cette notion de l'enfer, dont ils ne parlèrent pas, et que les juifs recueillirent plus tard par l'intermédiaire des chaldéens pendant la captivité de Babylone. Puisque les égyptiens admettaient des récompenses et des peines après la mort, il est vraisemblable que les hébreux leur ont emprunté cette idée théocratique, dont le dogme explicite ne fut proclamé que tardivement.

Dans le *Deuteronome*, Moïse fait dire à son Dieu : « J'ai

allumé un feu dans ma fureur, qui dévorera la terre, les plantes et les fondements des montagnes, jusqu'au fond de l'enfer ou *scheol*.» *Scheol*, est un lieu sombre, où règne après la vie une tristesse éternelle, ce qui suppose, pour ceux qui s'y rencontrent, de nombreuses réminiscences attaquant leur sensibilité.

Au psaume 15, David dit au Seigneur « que sa chair » repose dans l'espérance, et que Dieu ne laissera pas son » serviteur pourrir dans le tombeau, abandonnant son âme au séjour des morts.» Il y a là une distinction évidente de destinée pour l'âme et le corps, ainsi que dans les paroles du prophète Isaïe : Or, tout cela était écrit avant les mythologies grecques et romaines, sur le tartare et l'élysée, et avant la captivité des juifs. On peut donc en conclure que les esseniens, saducéens, pharisiens et autres sectaires, ont amalgamé leurs idées avec celles des idolâtres, au moment où le dogme de Jésus-Christ fut promulgué dans ces termes formels : « Les méchants iront dans le feu éternel qui a été préparé au démon et à ses anges.» (St-Mathieu, ch. 25, vers. 41.) En conséquence, les damnés, comme St-Marc, ne manque pas de leur dire (ch. 9, vers. 44,) souffriront deux peines distinctes, « leur ver ne périra pas et leur feu ne s'éteindra pas; c'est-à-dire qu'à la peine du dam ou au regret d'avoir perdu le bonheur éternel, ils ajouteront la peine des sens, ou la douleur causée par les ardeurs d'un feu qui ne s'éteindra pas.»

St-Augustin, après avoir critiqué l'impatience de ceux qui disputent sur cette chose obscure, de savoir si l'enfer est placé au sein de la terre à cause du feu central, ou dans le soleil comme foyer de notre globe, avance que personne n'en sait rien, « à moins que l'esprit de Dieu ne le lui ait révélé.» (*Cité de Dieu*, liv. 20, chap. 16.) Toutefois, ce docteur avait d'abord soutenu que l'enfer n'était pas sous terre, puis il se rétracte et reconnait qu'il aurait du plutôt dire le contraire, sans pouvoir toutefois l'affirmer. (*Traité sur la Genèse*, liv. 2. chap. 24.)

Origène, Lactance et St-Jean Damascène, se sont crus autorisés à regarder le feu comme métaphorique; mais, le Père Peteau (*Dogme théolog.*, t. 3, liv. 3, chap. 5,) pense qu'on doit entendre à la lettre, les passages de l'Écriture-Sainte, et que le feu par lequel les âmes des damnés et les démons sont tourmentées, est un vrai feu matériel.

C'est encore aujourd'hui l'opinion de quelques membres contemporains du haut clergé, directeurs spirituels de grands établissements d'éducation. Voici les arguments de ces auteurs : Les sentiments de l'âme ont pour origine et pour causes occasionnelles, des affections du corps que Dieu peut, comme il veut remplacer et déplacer. On ne comprend pas plus pourquoi notre âme sent la douleur quand notre corps est blessé, qu'on ne comprendra pourquoi une âme unie au feu en sera tourmentée, ni comment les bienheureux en corps et en âme verront Dieu qui est un pur esprit; or il est certain, quoi qu'incompréhensible que l'âme souffre dans le corps blessé, donc un esprit sans corps peut encore bien souffrir dans le feu (sic)...

Les théologiens casuistes ont observé que le mot éternel dans l'écriture, signifiait souvent durée illimitée et non durée sans fin; mais si l'enfer était ainsi entendu comme pouvant finir, la vie dite éternelle aurait aussi une limite, ce que les gens avides de béatitude paradisiaque n'aiment à supposer. Donc, pas d'équivoque, l'éternité du bonheur correspondra à l'éternité de la peine ; les incrédules n'objecteront pas que le péché à terme ne peut faire une peine infinie à un Dieu juste ou seulement indulgent, il leur serait répondu qu'on connait très-difficilement les droits d'une majesté infinie, d'une bonté infinie et d'une miséricorde infinie, dont il ne faut pourtant pas abuser. Ces mêmes incrédules, n'insisteront pas en demandant pourquoi une sagesse infinie et une puissance infinie se résignent à punir, alors qu'il serait si facile ou de perfectionner ou même d'anéantir ce qu'on fera souffrir si durement! Les orthodoxes répondraient à cela : « Si vous accordez à Dieu le pouvoir d'appliquer une légère punition à terme, alors qu'il conserve son infinie sagesse et cette infinie puissance capable d'améliorer sans punition, ou d'anéantir, il n'y a aucun motif pour lui refuser un pouvoir absolument arbitraire. » Cette dure logique, prouve en effet, qu'il ne faut pas être à moitié incrédule et que pour avoir le droit de nier certaines conséquences, il ne faut pas accepter certaines prémisses.

Reprocher à Dieu d'avoir lancé dans l'univers une si grande quantité d'âmes pour les damner, c'est un vieux blasphême manicheen ou pelasgien contre l'authenticité du péché originel. L'homme seul, se fait à lui-même le mal de la damnation qu'il encourt, après avoir abusé de tous les moyens que Dieu lui avait fourni pour s'en préserver.

Le deuxième Concile, celui d'Orange, a prononcé l'anathême contre ceux qui disent que Dieu a prédestiné quelqu'un au mal ; et le Concile de Trente l'a confirmé. De ce que Dieu prévoit que beaucoup d'âmes se damneront, cela ne veut pas dire qu'il l'ait voulu. Loin de là, assurent les orthodoxes, son dessein formel, attesté par les grâces et les moyens de salut qu'il met entre les mains des hommes, est de nous sauver. L'événement opposé vient de l'homme et non de la divinité.

Sur la question légendaire ou historique de savoir si Jésus-Christ crucifié a été enseveli et est réellement descendu aux enfers, on a vu des hérétiques appelés *sépulchraux*, confondre le tombeau (Ades), avec l'enfer (Scheol), et soutenir que leur personnage est simplement descendu dans un sépulcre. Mais les Pères de l'Église s'élèvent en nombre contre cette opinion, et le Christ après avoir quitté son corps, aurait repris vie avec son Esprit et serait allé en Esprit parler aux autres Esprits retenus dans les sombres lieux. C'est ainsi que l'Évangile a été prêché aux morts et que le prophète Osée avait pu s'écrier : « O mort ! je serai ta mort ! ô enfer ! je serai ta morsure ! »

Le dogme de l'enfer n'est donc pas dans l'éducation cléricale un pur symbole, une virtualité intimidante, une éventualité moralisatrice ; c'est, à la lettre, un supplice de feu, avec une matière comburante qui pénètre les organes sensibles, pas assez pour les anéantir, mais dans la mesure qu'il faut pour laisser toute la peine du dam, le regret sans espérance, et la souffrance sans compensation.

C'est avec ce début qu'on parcourt toutes les pages du catéchisme catholique ; et voici quelques simples cas où l'enfant, le tout petit enfant, est averti qu'il court le risque de tomber en enfer.

« Si tu le peux, mon cher petit enfant, communie tous

» les dimanches et jours de fêtes, je te recommande
» instamment cette pratique, si tu es décidé à vivre en
» véritable chrétien...... mais il faut avoir fait sa péni-
» tence très-exactement et le plus tôt possible ; y manquer
» par négligence ou par mauvaise volonté, serait un péché,
» une noire ingratitude et une grosse sottise, car nous
» retrouverons *dans le feu terrible* du purgatoire, toutes
» les pénitences que nous n'aurons pas faites sur la
» terre... tandis qu'un petit pécheur de six ans et demi
» ou sept ans, par cela seul qu'il a péché gravement et
» qu'il se repent et se confesse de bon cœur, a droit à
» l'absolution comme s'il avait 30 ans. (Mgr. de Ségur,
» *Conseils sur la Communion et la Confession*, bro-
» chures in-32).

» En t'habillant et dans les moments qui précèdent la
» messe, il faut garder le silence ou du moins le recueille-
» ment, prier Jésus du fond du cœur bien doucement,
» bien simplement, sans te bander la tête et sans chercher
» de belles pensées dont le bon Dieu n'a que faire.... ici,
» la meilleure prière est, comme toujours, la plus simple.
» Mon Dieu, ayez pitié de moi !... Tu peux te dire, par un
» seul péché mortel, j'ai mérité *l'enfer, le feu éternel de*
» *l'enfer avec le démon* ! et voici que le bon Seigneur
» Jésus m'appelle et me dit : « pauvre enfant, repens-toi !
» et je te pardonnerai. » Si l'on pensait à cela sérieuse-
» ment, n'est-il pas vrai qu'il serait bien aisé de s'en
» repentir ; mais, hélas ! on est étourdi, on vit comme
» une mouche, comme un moineau. *(Ibidem).*

» J'ai connu, dit encore Mgr. de Ségur, de pauvres
» enfants qui, pendant plusieurs années, avaient caché

» des péchés en confession ; ils étaient bien malheureux,
» ils avaient de grands remords, et s'ils étaient morts
» dans cet état là, ils seraient tombés certainement dans
» *le feu éternel de l'enfer.* Ceux qui ne veulent pas se
» confesser, ne veulent pas et ne peuvent pas guérir. Le
» péché est pourtant une terrible maladie qui jette les
» *âmes en enfer......* Si donc jamais, tu tombes grave-
» ment malade, mon pauvre enfant ! supplie ta bonne
» mère ou quelqu'un de ceux qui te soignent, d'aller sans
» retard avertir ton confesseur, et mets prudemment tes
» petites affaires en règle..... Pour précautions, avant la
» communion, ne sois pas si consciencieux que ce bon
» petit enfant qui crachait pendant une heure et demie,
» après s'être lavé les dents, de peur qu'il ne restât un
» peu d'eau dans sa bouche ; et si la Sainte Eucharistie
» s'attachait à ton palais, il ne faudra pas perdre la tête ;
» un peu de patience, et au bout de quelques minutes,
» cette petite parcelle se détachera *tout bellement,* d'elle-
» même ; mais il ne faut pas y porter les doigts... c'est
» défendu tout à fait !... (*Idem p.* 48). Si tu es porté
» au scrupule... pauvre petit ! dis-le naïvement à ton père
» spirituel, et cela fait ne t'inquiète plus des taquineries
» *du démon de l'enfer !*

» Un petit garçon nommé Paul, avait pris cette bonne
» résolution : jamais je ne m'endormirai en état de péché
» mortel ; si j'ai le malheur d'en commettre un, j'irai me
» confesser dès que je le pourrai, et sans remettre à plus
» tard : bien lui en prit. Le pauvre petit ayant un jour
» commis une faute qui lui parut grave, alla se confesser
» le soir même après son travail. Le lendemain matin,

» quand sa mère entra dans sa chambrette pour l'éveiller,
» elle le trouva mort dans son lit !... Où serait-il mainte-
» nant, s'il avait remis au lendemain ?... Mgr. de Ségur
pense qu'il serait dans l'enfer ou tout au moins dans le
purgatoire. Or, qu'est-ce que le purgatoire ? Réponse :
« C'est un lieu ou plutôt un état dans lequel les âmes des
» justes sorties de ce monde sans avoir suffisamment satis-
» fait à la justice divine pour leurs fautes, achèvent de les
» expier avant d'être admises à jouir du bonheur éternel. »

Le Concile de Trente, qui s'est beaucoup occupé du purgatoire, sans vouloir donner à ses solutions l'importance d'un dogme et la valeur d'un article de foi, déclare cependant anathème : 1° Celui qui s'imaginera qu'après la rémission de la coulpe du péché et de la peine infernale, obtenue par le sacrement de la pénitence, il ne reste plus au pécheur aucune peine à subir à terme ; 2° celui qui n'avouera pas qu'il doit, après sa mort, fournir la satisfaction qu'il n'a pas donnée pendant sa vie ; 3° celui qui ne croira pas à l'efficacité des prières et bonnes œuvres des vivants en faveur des morts ; 4° celui qui niera dans le sacrifice de la messe l'effet propitiatoire, c'est-à-dire capable d'effacer pour les vivants et les morts les péchés qui empêchent la justice de Dieu d'être satisfaite. (Session 6 de justif., con. 30.)

Les commentateurs ajoutent que le péché est comme une dette qui porte intérêt. Le grand créancier du ciel, le *gentilhomme* d'en haut, comme on l'appelait sous la Régence, peut bien remettre à ses débiteurs les fonds, mais sans donner quittance des intérêts. Cette soute se paie par le purgatoire.

D'autres preuves attestent la réalité de ce purgatoire : 1° Jésus-Christ, dans St-Mathieu (chap. 12, vers. 32,) dit que celui qui blasphème contre le fils de l'homme pourra obtenir son pardon ; mais s'il blasphème contre le St-Esprit, ce péché ne lui sera remis, ni dans le siècle présent, ni dans les siècles futurs ; c'est-à-dire, ni à sa mort, ni par le purgatoire, autrement la phrase de Mathieu n'aurait pas de sens ; 2° St-Pierre (actes, chap. 2, vers. 24,) soutient que Dieu en ressuscitant son fils l'avait délivré des souffrances de l'enfer et du tombeau ; or, ces souffrances ne peuvent se rapporter qu'aux peines expiatoires, dans le purgatoire ; les autres peines, Jésus les avait souffertes par sa mort et il ne méritait pas l'enfer ; donc, le purgatoire existe. (Bergier, p. 297, Dict^{re}, éd. 1740;) 3e preuve, St-Paul dit aux corinthiens (chap. 3, vers. 13,) le jour du seigneur fera connaître l'ouvrage de chacun, si l'ouvrage de quelqu'un demeure, il en recevra sa récompense, si son ouvrage est brûlé, il en recevra le dommage, mais il sera sauvé comme par le feu. Cela veut dire que ceux qui ont solidement travaillé pour le ciel, s'y rendront sans délai, et que ceux qui n'ont fait qu'une fragile besogne, n'iront qu'après l'effet du feu du purgatoire ; 4e preuve, si le purgatoire n'existait pas, l'église n'aurait pas conservé depuis l'an 200, l'usage traditionnel de prier pour les morts qui attendaient dans le sein d'Abraham, l'heure d'une plus large félicité ; 5e preuve, on peut convenir que le purgatoire existe, sans garantir qu'on y trouvera un feu réel ; par conséquent, les protestants ont tort de le nier, sous le prétexte que le mot *feu expiatoire* n'est pas littéralement dans les écritures ; 6e preuve, les juifs qui mettaient sur leurs morts des aliments et des cadeaux, pensaient que ces aumônes profitaient à leurs amis. Cette croyance, inscrite dans le livre de l'ecclésiaste et dans celui des maccabées, n'ayant pas été entravée par Jésus ou ses apôtres, peut être considérée comme orthodoxe, alors même qu'elle procéderait d'une tradition chaldéenne, païenne ou orientale ; 7° preuve, si le purgatoire dont Calvin parle comme d'une chose négligée dans la révélation, mais probable, et que Wiclef, J. Huss et Luther ne rejettent pas absolument, est, de nos jours, tout-à-fait repoussé par les protestants comme un don papiste, cela vient de ce que le dogme a été entouré de fables, de légendes et de vaines imaginations. La transmigration des âmes qui est un purgatoire philosophique, a fait du tort au purgatoire chrétien, dont il faut prendre connaissance dans le Concile de Trente, pour en avoir une idée vraiment cléricale.

Une dernière preuve catholique du purgatoire est fournie, dit-on, par une nécessité de justice distributive. Celle-ci ne peut permettre que Caïn, mort pénitent, jouisse aussi vite du bonheur éternel qu'Abel qui attendrait depuis 6,000 ans une gloire et une justification si faciles. Aucun protestant n'a daigné faire cette réflexion, observe l'abbé Bergier, confesseur de monsieur, fils de Louis XV.

Ainsi donc, ce n'est pas le pape Grégoire qui inventa au sixième siècle le purgatoire. Ce n'est pas non plus le clergé, qui pour s'enrichir, a accepté la fondation des abbayes avec cette invocation : « *Pro remedio animæ meæ et animæ patris mei.* » Cette formule signifiait seulement que les héritiers opéraient une restitution que leurs aïeux auraient du faire.

Le purgatoire n'est pas, comme dit Jurien, la source des superstions de l'Église romaine, et si ce n'est pas un feu tout-à-fait insupportable, c'est un feu très-utile et dont il ne faut pas parler légèrement.

C'est pourquoi la catholicité s'incline tous les jours devant cette création placée entre l'enfer que nous avons examiné et le paradis dont nous allons dire deux mots : Cela est modeste, mais cela suffit.

« Je connais, dit St-Paul, un homme qui a été ravi en
» esprit jusque dans le paradis, où il a entendu des paroles
» qu'il n'est pas permis à l'homme de publier..... Les
» corps ressuscités et glorieux participeront à la nature
» des esprits; ils seront, par conséquent, dans un État
» du quel nous ne pouvons avoir aucune idée.» (*Epit. aux Corinthiens*, chap. 15, vers. 44.)

Ce n'est pas un lieu particulier qui fait le paradis, car puisque Dieu est partout, il peut se montrer partout aux âmes saintes et les satisfaire partout par la vue de sa gloire. C'est donc plutôt un changement d'État, et il serait téméraire de vouloir décider si les bienheureux en paradis terrestre, exerceront encore les facultés du corps dont ils seront encore revêtus, de même qu'il ne convient pas de vouloir retrouver géographiquement le paradis terrestre sur la description fournie par Moïse. Ce grand homme a parlé très-obscurément de l'Eden, ayant un grand fleuve se subdivisant en quatre branches : Le Physon qui tourne par le pays de l'Or, le Gehos qui tourne par le pays de Chus, le Tigre qui tourne vers l'Assyrie, et enfin l'Euphrate. Mais les seuls deux derniers témoins nommés, se réunissent en un fleuve unique avant de se jeter dans le golfe Persique, et d'ailleurs l'auteur décline toute responsabilité rétrospective, en disant que le déluge détruisit les hommes avec la terre ; voilà donc la question géologique et géographique indéfiniment ajournée.

Il faut se résoudre à ignorer ce que Dieu n'a pas voulu nous apprendre ; l'état des bienheureux, disent les orthodoxes, est fait pour être un objet de foi et non de curiosité, un motif d'espérances et non de dispute. Nous devons nous en tenir à cet avertissement de St.-Paul : « L'œil n'a point vu, l'oreille n'a point entendu, le cœur de l'homme n'a point éprouvé ce que Dieu réserve à ceux qui l'aiment, car nous serons semblables à ses anges dans le ciel. »

Mais quels sont ces anges et leurs opposés les diables ou démons ? Un ange est, selon la définition orthodoxe, une substance spirituelle, intelligente, la première en dignité, entre les créatures. En raison de l'étymologie *aggelos* messager, envoyé, et de certaines expressions de l'Écriture qui désignent le messie sous le nom d'Ange et grand Conseil, on pourrait croire qu'il est permis d'attacher à cette idée celle d'un corps. Ainsi l'ont pensé Tertulien, Origène, St.-Clément d'Alexandrie, et autres, pour qui les anges sont corporels, ce que n'admettent ni St.-Basile, ni St.-Chrysostôme, ni Grégoire de Nysse.

Lucien et Plutarque adoptèrent la tradition païenne, que les anges avaient aimé jadis les filles des hommes et en avaient eu une race de géants. Les premiers chrétiens ont donc pu accepter la corporéité desdits anges ; d'autant mieux que plusieurs exemplaires de *la Genèse* (version des septante, ch. 6, v. 2), portent : « les anges voyant la beauté des filles des hommes, etc.... » Il est vrai qu'entre le texte grec et le texte hébreu longtemps réservé par les juifs, il y a, sur ce point, une discordance sérieuse. Mais on peut être bon chrétien sans connaître l'hébreu et vouloir adhérer à la version des septante, afin de donner, au besoin, un corps plus ou moins épais aux anges.

Quoi qu'il en soit, l'église romaine enseigne que les anges sont distribués en trois hiérarchies composées chacune de trois chœurs, c'est-à-dire neuf catégories qui forment : 1° Des Séraphins ; 2° des Chérubins ; 3° les Thrônes ; 4° les Dominations ; 5° les Vertus ; 6° les Puissances ; 7° les Principautés ; 8° les Archanges, et 9° les Anges communs.

Tous avaient été créés primitivement en état de grâce ; mais plusieurs ont mérité à cause de leur orgueil, d'être dégradés. Ils ont alors été précipités en *enfer* et ont pris le nom de mauvais anges, diables ou démons. Ce dogme de la chute des anges, est fondé sur cette parole de Pierre dans sa deuxième épître. « Dieu n'a pas pardonné aux anges qui ont péché. » Il y a, d'ailleurs, sur la présence perpétuelle d'un bon ange pour chaque chrétien, une tradition de foi encouragée par *la Genèse* (ch. 48, v. 16), et par l'Évangile de Mathieu (Art. 12, v. 15.).

Selon les protestants, on ne doit aucun culte aux anges, pas plus qu'aux saints. St.-Paul s'adressant aux colossiens, le Concile de Laodicée en 364, et la secte juive des Caraïtes, proscrivent, en effet, ce culte ; mais les catholiques répondent à cela que les doctrines de Zoroastre et des Parsis, contenues dans le Zenda et le Westa, avaient infesté l'Asie et la Grèce de leurs hérésies, par lesquelles les puissances moyennes avaient fini par prendre toutes les charges de la Providence. Il a donc été nécessaire dans cette conjoncture d'être un peu sévère, afin d'empêcher les chrétiens de tourner à l'idolâtrie, ce fut la sévérité de St.-Paul et des autorités citées. Mais si l'on commence par considérer les anges comme de simples envoyés, on ne se sépare pas de leur chef, et alors, dit l'orthodoxie moderne, il n'y a aucun danger, non-seulement à les honorer, mais à leur rendre un culte religieux.

L'ange de l'Apocalypse a pu refuser d'être adoré comme Dieu, mais Jacob, mais Balaam, Josué, Manné, Zacharie, Tobie, ont bien fait de s'incliner devant les anges qui leurs sont apparus.

La théologie avoue qu'il est impossible de parler de Dieu et d'en soumettre la notion à notre faible intelligence, sans employer le langage anthropologique, ou sans faire de l'antropomorphisme. Il est dit dans la *Genèse* que Dieu *marchait* dans le paradis terrestre, qu'il *appela* Adam, que ses yeux se sont *ouverts* sur l'indigent. Ce sont des métaphores qui nous apprennent que Dieu agit, opère et produit, par un simple acte de sa volonté, les mêmes effets que s'il avait des pieds, des mains, des yeux. (Dict^{re} Bergier, t. 1, p. 93.)

On ajoute, et l'aveu est bon à consigner, que nous tombons dans le même inconvénient à l'égard des opérations de notre âme : « Les organes du corps étant les instru-
» ments par lesquels nous exerçons nos facultés spiri-
» tuelles, il est naturel d'exprimer celles-ci, par les fonc-
» tions corporelles; mais ce langage ne trompe personne,

» les yeux de Dieu, son bras, sa main, sa bouche, sa
» parole, sont les signes qu'il donne de sa volonté, et
» quand le Psalmiste dit que les cieux sont l'ouvrage *des*
» *doigts* de Dieu, c'est pour nous faire comprendre que
» Dieu les a faits sans employer toutes ses forces, mais
» avec autant de facilité que ce que nous faisons du bout
» des doigts. » (Bergier, *ibidem*.)

Les vrais antropomorphites que St.-Augustin appelait Vadiens, et St-Epiphane, Audiens, du nom d'un certain Audius, contemporain d'Arius, sont condamnés par l'Église. Tertullien soutient que quand Dieu est apparu au patriarche, ce n'était pas Dieu le père, mais dieu son fils qui préludait ainsi à son incarnation. Tertullien ajoutait contre Hermogène que Dieu le père ne peut avoir un corps puisqu'il aurait fallu qu'il se le créât à lui-même en restant lui-même auteur de la matière, cercle vicieux gênant ! l'Église dit aussi que les antropopathes qui attribuent à Dieu les passions humaines, colère, haine, jalousie, amour, doivent le faire dans un sens métaphorique, sinon ils seraient condamnables, c'est pourquoi le même Tertullien soutenait aux marcionites que le langage figuré n'avait été employé par Dieu lui-même, que pour mettre à portée de notre faiblesse, les grandeurs de la majesté suprême; Origène et St.-Gyrile, conclurent contre Celse et Julien que Dieu ne prend et ne peut prendre de corps, comme son fils l'a fait plusieurs fois, et que les anges, bons ou mauvais, les diables et démons sont autorisés à emprunter toutes sortes de formes.

La théorie catholique des diables (*Diabolléin* traverser, se mettre en travers), n'est pas l'analogue de l'invention des Manicheens, sur les bons et mauvais génies. Les diables de la catholicité romaine, sont des créatures dont l'autocratie divine mesure à son gré le pouvoir et les opérations. Satan n'a pu tourmenter Job que par permission du bon Dieu et pour procurer à ce saint homme une forte récompense. Les démons ou esprits (*Daïmónes, de daiô*, connaître), sont des créatures bonnes ou mauvaises, que l'antiquité plaçait entre les dieux et l'âme humaine, pour servir d'intermédiaires. Ce n'était pas de purs esprits, mais des intelligences revêtues d'un corps délicat et plus ou moins subtil. Les juifs les ont pris aux chaldéens qui les tenaient de plus haut et leur réservaient seulement une influence pernicieuse. C'est aux démons que Jésus-Christ et ses apôtres attribuent les plus grands crimes; trahison de Judas, aveuglement des païens, pestes et maladies. Jésus, lorsqu'il leur permet ou leur ordonne de sortir d'un corps dont ils avaient pris indûment possession, pour entrer dans un troupeau de porcs, montre le cas qu'il en faisait. Le pouvoir transmis par lui à ses disciples et à leur ayant cause, de chasser les démons par les exorcismes a porté de beaux fruits ! La doctrine actuelle de l'Église sur les diables, est que si par leur nature ce ne sont pas des êtres matériels ou sortis du sein de la matière, ils ont besoin d'être revêtus d'un corps quelconque lorsque Dieu leur permet d'agir sur d'autres corps. (P. 511, vol. 1, Bergier.)

Le ministre protestant Becker, qui avait entrepris de prouver dans son livre sur « *le Monde enchanté*, » que les esprits ne peuvent rien dans les corps, fut censuré au consistoire d'Amsterdam; comme ayant défiguré le sens des

Écritures, et interdit, pour avoir, sinon tordu le cou aux démons, du moins étouffé la vérité en ce qui les concerne, « il n'est pas indigne de Dieu, lui oppose-t-on, d'éprou-
» ver les justes par les opérations du démon, et en géné-
» ral, les lumières de la philosophie sont trop courtes pour
» savoir ce que Dieu peut ou ne peut pas permettre. »

Au milieu de ces sanctions, provocations ou faveurs comme le paradis et l'enfer, les anges et les démons, le purgatoire, les pénitences et la grâce congrue ou incongrue, que devient la conscience, c'est-à-dire, selon la définition cléricale : « Ce jugement, que nous portons nous-mêmes sur nos obligations morales, sur la bonté ou la méchanceté de nos actions, soit avant de les faire, soit après les avoir faites ? Lorsque St-Paul dit que tout ce qui n'est pas selon la foi est un péché, il estime, en vrai sophiste, que la conscience et la foi sont identiques : mais l'église reconnait que la conscience peut être fausse ou erronnée quand nous cédons par exemple à une passion violente, à des préjugés invétérés, à des habitudes anciennes, à de vifs intérêts.

On répond à cela que la conscience droite ou la conscience fausse nous imposent les mêmes obligations, les magistrats punissent sans scrupule un malfaiteur qui a jugé qu'il lui était permis de commettre un meurtre, ou un misérable qui enseigne le vol, l'inceste, le parjure, parce qu'il n'y a pas de confusion possible sur de pareils points de morale. La justice doit punir, dit-on, ceux qui troublent la société, sans s'embarasser de savoir si la conscience a été vraie ou fausse, droite ou erronée. Cette conscience consiste surtout dans la connaissance des effets que nos actions produisent sur les autres ; mais le déiste agissant selon le sentiment qu'il a de se conformer aux intentions de la divinité, c'est-à-dire selon la dictée d'une seconde conscience obtenue par la révélation, le déiste peut être, sans scrupule, intolérant persécuteur, insociable, turbulent, cruel avec les dragonades, meurtrier avec la St.-Barthélémy, bourreau avec l'inquisition.

On avoue bien que la règle de la conscience n'est pas seulement dans le jugement des hommes qu'on défie hautement, pour rester fidèle à soi-même, On sépare alors la conscience collective et la conscience privée qui dans beaucoup de cas font entendre le même langage, ou permettent de se rendre un compte juridique de leurs expressions variables.

Nous allons voir en examinant le code détaillé des sanctions cléricales depuis celles que le catéchisme dénonce à l'enfant, jusqu'à celles que certains adultes acceptent encore, et nous constaterons aisément en quoi elles s'écartent des convenances physiologiques et morales des âges et des tempéraments, autant que des idées d'équilibre et de compensation rationnelles et juridiques devant l'autonomie souveraine de la conscience humaine.

1° L'enseignement clérical veut que les besoins de l'alimentation soient tributaires du démon de la *gourmandise*, de sorte qu'un pauvre petit écolier souvent mal nourri par son maître de pension, peut, à l'occasion d'un gâteau, tomber dans un péché mortel qui le conduira dans le feu éternel s'il ne dénonce pas lui même son gâteau. Cependant les stipulations de l'hygiène vis-à-vis du régime sont-elles à ce point explicites que l'on puisse, dans le jeune âge, décider où finit la sobriété où commence la gourmandise, et n'est-ce pas chose tout-à-fait arbitraire et relative que le régime alimentaire de la ville et de la campagne, de la chaumière et du château, de l'atelier et de la caserne, du collégien et du séminariste, d'un élève de l'Université et d'un interne de l'école des Frères de la doctrine.

2° Le catéchisme du premier diocèse venu, définit *la Paresse* « un dégoût des choses spirituelles qui nous
» fait abandonner nos devoirs, ou nous les fait remplir
» avec négligence, plutôt que de nous faire violence. »
A part les incorrections grammaticales de la rédaction, il semblerait que la paresse est exclusivement une affaire de l'esprit et non une disposition des organes ; un éloignement systématique des préoccupations religieuses et non un ralentissement des efforts corporels : en un mot, si on préfère l'atelier au confessionnal et la promenade à une conférence de St.-Vincent-de-Paul, on sera paresseux, car on aura eu le dégoût de la spiritualité, et l'on n'aura pas fait violence à ce démon qui nous distrait de nos devoirs ! c'est pourquoi l'enfer vous attend au sortir de ce péché de paresse. Mgr de Ségur dans ses petits livres à 15 centimes ne manque pas d'en avertir la jeunesse « Prenez
» y garde, dit-il, car c'est Jésus, le bon Jésus, Jésus si
» miséricordieux et si doux ! qui pardonne tout aux
» pauvres pécheurs repentants, Jésus qui accueille sans
» une seule parole de reproche, et la coupable Madeleine
» et la femme adultère et le publicain Zacharie, et le
» voleur crucifié à ses côtés, c'est Jésus qui vous déclare

» *qu'il y a un enfer éternel de feu* et qui le répète
» expressément 15 fois dans son évangile : auriez-vous
» la prétention de mieux vous entendre que lui, en fait
» de miséricorde ? de bonté ?

3° L'*avarice* est dite simplement « un amour déréglé
» des richesses » ici encore surtout pour les enfants,
quelle est la mesure appréciable de l'excès ou de l'insuffisance des richesses ? qui dira la différence également
répréhensible entre la cupidité qui attire ou le calcul
parcimonieux qui entasse ; qui renseignera exactement sur la nature légitime ou illégitime des procédés
par lesquels, dans l'industrie, dans le commerce, à la
bourse, dans l'administration et dans ce qu'on nomme
les affaires, on arrive à satisfaire l'instinct de la propriété ? est-ce le catéchisme qui fixera le taux normal
de la fortune permise selon le rang providentiel où il
vous saisit ? non ! et cependant il promet l'enfer au péché
de l'avarice, tout aussi erronément qu'il en décrit le
symptôme et qu'il en formule la définition.

4° La *luxure* pour les petits catéchisés, est « un amour
des plaisirs déshonnêtes ; » les commentaires imprimés
manquent ordinairement dans les livres officiels après cet
énoncé ; mais on sait que les prêtres ne manquent pas de
les fournir oralement par questions directes ou indirectes,
hardies ou hypocrites, franches ou dissimulées ; car dit
Mgr de Ségur, p. 32, de ses « *Conseils pour la
Confession* : » « ce sont toujours les péchés d'indécence
» que les pénitents lâches n'osent pas dire en confession »
de là le cynisme de certains confesseurs et leurs indiscrètes curiosités qui ne respectent pas plus la pudeur des
jeunes épouses que l'extrême naïveté des petits garçons.

Personne n'ignore avec quelle outrageante sollicitude le clergé poursuit dans les consciences comme dans les actes, les exigences de son idéal de pûreté. Partout et sur toutes choses, il réclame et proclame l'honneur du célibat et de la virginité indéfinie. Chacun a des preuves de son zèle maladroit, et il faut gémir sur son outrecuidance si l'on ne veut pas rougir de ses écarts indécents.

Le sens ou l'instinct génital, est le plus indiciplinable entre tous ceux qui composent notre organisme cérébral. Les notions biologiques que comporte son étude sont si complexes et si délicates, qu'il ne peut appartenir à la casuistique cléricale, d'en approfondir les complications physiologiques.

C'est à ce péché de luxure dont l'enfance ne peut connaître, en tout cas, que les plus insignifiants débuts, qu'on applique encore et toujours la peine de l'enfer. Si à l'occasion de ce péché on parle de miséricorde, l'église pédagogique reprend : « En ce monde seulement ! mais
» non dans l'autre !.. toutes les objections contre l'éternité
» des peines de l'enfer tombent d'elles-mêmes, dès qu'on
» se rend compte de ce que c'est que l'éternité. L'éternité
» n'est pas une suite de siècles se succédant sans fin les
» uns aux autres, ainsi que nous sommes portés à nous
» l'imaginer, c'est un présent sans avenir et sans autre
» passé que celui de la terre ; une fois qu'on y est entré,
» on est dans une existence absolument différente de celle
» de la terre, il n'y a plus succession du temps et à cause
» de cela, on ne peut plus changer. » L'auteur de cette logique peu consolante, ajoute : « On peut se repentir en
» ce monde, parce qu'on en a le *temps* ; on a devant soi

» des années, des jours, des heures, des minutes, mais
» dans l'éternité, il n'est ni années, ni jours, ni heures,
» ni minutes, pas de succession, par conséquent pas de
» changement possible, tel on y rentre, tel on y reste, ou
» pour parler plus exactement, tel on y est; l'enfer est
» donc éternel parce qu'il ne peut pas ne pas être
» éternel. » *(Réponse aux objections contre la Religion*,
p. 4, Mgr. de Ségur).

Tout cela prouve qu'on ressentira la peine du feu sans pouvoir faire à cette occasion aucune opération arithmétique, même pour les innombrables et minutieux délits que la rigueur cléricale signale aux enfants luxurieux de l'un et de l'autre sexe.

5° La *colère* qui est « une émotion déréglée de l'âme,
» nous portant à nous opposer avec violence à ce qui nous
» déplait, » n'obtient jamais grâce vis-à-vis de la sanction pénale de l'enfer, et le catéchisme ne s'inquiète pas de savoir comment le petit néophyte assujettira son âme de manière à l'empêcher de se livrer à ses dérèglements colériques, surtout si ce qui est imposé à cette petite âme lui est très-déplaisant et si l'on ignore avec quoi on peut arrêter une âme qui se permet d'avoir des émotions déréglées. Toutefois il faut réussir, sans quoi l'enfer est là tout béant et les petits garçons, ceux qui commencent à sourire du haut de leur petite *science incroyante*, pourraient y tomber.

6° L'*orgueil* est le plus gros monstre avec lequel l'Église soit entrée en lutte depuis qu'elle a inventé les sept péchés capitaux. C'est l'orgueil qui perdit Absalon et le fit pendre à une potence de quinze coudées. Pour le catéchisme ce n'est encore « qu'un amour déréglé de soi-même et des » avantages qu'on croit avoir sur les autres, qui fait » qu'on se préfère à eux, et qu'on veut s'élever au-dessus » d'eux. » Sans doute, l'amour déréglé de soi-même, ainsi que le mot force à l'avouer, est évidemment coupable ou pernicieux ; mais il faut qu'il se formule par des actes et ne reste pas abstraitement une suggestion de l'esprit sans retentissement dans la conscience.

Il n'est pas aisé, même en présence des terreurs de l'enfer, de décider si notre conduite à un moment donné relève de l'orgueil ou d'un autre instinct moins infernal ; mais l'Église espère avec ses intimidations faire capituler les moins braves et amener l'amour déréglé de soi-même à s'avouer coupable envers elle qui ne se trompe jamais !

7° Qu'est-ce-que l'envie ? « C'est la douleur et le cha- » grin que nous avons du bonheur d'autrui, et que nous » nous regardons (ce bonheur) comme un mal pour nous. » La rédaction du catéchisme du diocèse de Vannes qui donne cette définition n'est pas même grammaticale ; mais en supposant que le pauvre petit breton, à qui elle est imposée, la retienne soigneusement pour éviter l'humiliation d'un ajournement de première communion, que sait-il ? et comment va-t-il édifier sa conscience avec cette physiologie morale sur tous les actes de sa vie ?

Ces divers péchés capitaux, dont le clergé a formé un groupe historique exploité par la fable, le roman, le théâtre et la tradition naïve des campagnes, ne formulent rien de réel, rien de vrai, rien de fondamental, ils n'expriment aucune fonction primitive du cerveau, aucune manifestation primordiale de nos instincts. Ce sont des attributs complexes, mal définis et imparfaits, résumant des d'actes souvent heureux, quelquefois pernicieux. Jamais ces actes ne sont essentiels et ils ont besoin d'un élément réel, objectif et nécessairement variable pour acquérir une signification quelconque, vis à vis de la physiologie encéphalique dont l'état normal représente la morale. Il a fallu porter bien loin la manie de l'abstraction pour obtenir ainsi subjectivement ces entités métaphysiques assez puissantes pour troubler les esprits et les terroriser.

Toutes les définitions adjectives par lesquelles on cherche à caractériser la valeur morale de nos instincts, sont entachées du même vice, consistant dans la conception *à priori* des défauts et perversités initiales de l'espèce humaine, lesquels défauts n'existent pas ontologiquement, et supposent la préalable évolution d'un instinct primitif et fondamental avant d'acquérir le sens relatif accordé au mode fonctionel de cet instinct, par la qualification de défaut ou perversité.

L'action simultanée et le consensus de plusieurs instincts primitifs sont indispensables pour former ce que le dogme catholique nomme un péché. Au moment de son action prépondérante, l'instinct nutritif, pour échouer sur la gourmandise du catéchisme, se complique de ruse, de violence, d'avarice, d'accaparement et de combinaisons multiples empruntées à d'autres instincts qu'on oublie de mettre en cause, faute de les connaître et pour en finir plus vite par une intimidante ontologie.

La colère, l'envie, la luxure, prises dans leur isolement scolastique, métaphysique et clérical sont des vagues créations capables de compromettre le jugement, la conscience et le sens juridique de ceux qui se soumettent à l'enseignement par le clergé.

Sur toutes ces questions du péché, du libre-arbitre et des révélations miraculeuses, le catholicisme professe depuis des siècles les mêmes doctrines immobiles, et il se fait gloire de rester en place lorsque tout marche intellectuellement devant lui ; il faut rechercher dans les écrits à moitié émancipés des schismatiques qu'il désavoue, un peu de lumière ou de bonne foi dans la polémique religieuse de cette époque.

Ce sont les pasteurs protestants qui, tout en restant fidèles à leur foi déiste, avec révélation plus ou moins explicite, fournissent à la liberté philosophique les gages les plus avancés, sur la question particulière du libre-arbitre, ils avouent « qu'on ne peut pas dire que nous soyons vraiment libres de ne pas faire le mal, puisque notre nature nous y porte, et qu'il y a là un phénomène difficile à expliquer » Mais l'important est de constater que la liberté presque nulle à son origine, est destinée à grandir et à se fortifier incessamment. Elle doit s'élever triomphante du milieu des obstacles qui l'oppriment. Toutes les leçons de la vie, nos expériences, nos combats, l'éducation que nous nous donnons à nous-même ou celle que nous recevons des autres, nous sont utiles dans la mesure où ils contribuent à ce grand œuvre.

La notion du péché ou mal moral, fournie par le protestantisme libéral, est plus claire que l'explication donnée par le catholicisme. C'est, dit-on, à l'occasion de l'introduction anormale de ce péché dans l'univers et comme

x.

étant le produit de la révolte et des attentats de l'homme contre la providence, qu'on a invoqué le surnaturel divin.

En effet, pour réparer l'inexprimable désordre produit, ni homme ni ange n'y pouvant suffire, il fallait une incarnation divine ; cette rude théorie perd du terrain même chez les protestants, parmi lesquels Calvin l'avait développée. « Il n'est pas vrai, disent-ils, que l'homme soit envahi et pénétré par le péché au point d'avoir perverti, dénaturé, perdu toutes ses facultés. Il est encore et toujours spontanément susceptible d'émotions sympathiques et de délicieux entrainements en présence des diverses réalisations du bon et du beau dans les arts. La musique lui inspire les sentiments les plus élevés, depuis les tendresses de la mélancolie jusqu'à l'enthousiasme du dévouement vertueux : il en est ainsi pour la poésie.

Sont-ce là les signes d'une nature irrévocablement corrompue ? Et si nous sommes en état de chute, il faut avouer qu'il nous reste des qualités capables de nous rappeler vivement les conditions de notre origine. « Plaçons l'homme devant les magnificences plastiques de la peinture ou de la sculpture et cherchons à expliquer comment les grands artistes ont pu exprimer les ravissants détails de la forme et de la couleur qui enchaînent les sens et l'esprit de leurs semblables, s'ils n'ont eu à leur disposition que des facultés avilies et des sentiments altérés. L'éloquence, la science, la calme raison même, auraient-elles des manifestations si séduisantes ou des conclusions si satisfaisantes à offrir à notre faculté maîtresse, la conscience, si l'homme n'agissait pas selon la plénitude de ses forces autonomiques ?

Cette affinité que nous constatons entre nos facultés et un idéal correspondant, entre notre économie microscopique et l'immense absolu qui nous environne, ne trahit-elle pas une indépendance morale capable de nous constituer à l'état de puissance réelle et facile à distinguer vis-à-vis de cet absolu ?

L'histoire, l'observation, l'expérience nous disent, en outre, qu'en dehors du petit nombre d'individus dominés par les maximes du christianisme, il y a une foule innombrable d'hommes qui présentent des vertus dont se réjouit la terre.

St.-Augustin, qui faisait tout dériver de la grâce, pouvait bien appeler brillants péchés, *splendida peccata*, ces actions sublimes où l'on ne retrouve aucune trace théologique du péché originel ; mais il n'empêchera pas la nature humaine d'applaudir de toutes ses forces sympathiques aux belles actions et aux grandes pensées, attestant notre valeur fondamentale.

Il est impossible de nier que le mal a régné et règne encore sur la terre ; ici c'est un despote qui dispose de la vie de ses sujets, là c'est l'esclavage avec ses infamies, plus loin la guerre, les persécutions politiques et religieuses, les dragonnades, l'inquisition, la St.-Barthélemy, les échafauds ; d'un côté toutes les iniquités criant vengeance, de l'autre toutes les perversités qui en profitent et les perpétuent : le libéralisme protestant avoue ingénûment qu'il reconnaît ce mal, mais qu'il ne sait *d'où il peut venir*. (*Pasteur Bost*, p. 119. — Bibl. G^r Baillière.)

L'expliquer, dit-il, par l'intermédiaire du diable, c'est se donner le tort de prendre pour point de départ l'existence personnelle d'un être mythologique ; l'expliquer par le dogme de la chute, c'est donner une raison incomplète, car cette chute n'aurait pas eu lieu si le tentateur extérieur n'avait rencontré dans le premier homme que des dispositions réfractaires et antipathiques au mal.

L'innocence d'Adam avant sa prétendue chute est, d'ailleurs, un état purement négatif qui implique contradiction avec la vie de la conscience, tandis que l'amour du fruit défendu a dépassé chez lui, avant toute faute, l'amour de Dieu dans son cœur.

Donc, il n'y a pas eu, consécutivement à une pureté consciente d'elle-même, la chute biblique qui ne pouvait résulter de la perte d'une innocence essentiellement négative.

Les théologiens libéraux commencent à reconnaitre « que l'homme a, sans doute, été créé comme une » ébauche intelligente, capable de se compléter et qui » après avoir vécu d'une vie très-grossière, a pu épanouir » dans le monde sous l'aiguillon du besoin, ses puissantes » facultés physiques, intellectuelles et morales, et dans ce » cas, les manifestations de la vie spirituelle de l'homme, » auront coïncidé avec son passage de l'innocence neutre » vers l'état de conscience intelligente. » (6° v., *Bost, ibidem*).

Cette théorie peu éloignée de celle qui assimile le premier homme à un gorille, indigne ou égaie les orthodoxes qui tiennent à la tradition moïsiaque de l'homme fait à l'image de Dieu ; il est certain cependant si l'on a égard à l'observation montrant la très-lente et très-graduelle élévation de l'humanité, que cette ressemblance n'a pas eu lieu selon une image instantanée et immédiate, mais plutôt selon une image progressive et successive. C'est dans ce sens que se prononce la science croyante qui admet dans toutes les catégories le développement lent et uniformément gradué de l'homme moral et social.

Pourquoi la notion de l'origine du mal est-elle si importante pour les religions révélées ? Ne leur suffit-il pas d'en accepter la réalité, soit qu'il vienne d'Ève, d'Adam ou du serpent ?

Il faut avant tout vaincre l'obstacle au bien, c'est-à-dire le mal ou le péché qui gène la dignité et la conscience. Saint-Paul déplorant cette triste condition de ne pouvoir faire le bien qu'il voulait, et de faire le mal qu'il ne voulait pas, estimait que le péché n'est pas, en effet, notre état de nature véritable.

L'oraison fameuse qui contient ces mots : « délivrez-nous du mal ! » suppose que ce *nous* n'a, au fond, que de bonnes intentions et n'en déplaise aux fatalistes de la corruption primitive, ce *nous* ne fait que souffrir d'un mal de provenance externe et indépendante de l'homme ; mal si cruel après tout que Saint-Paul médiocrement coupable, s'écrie : « ô misérable que je suis ! qui me délivrera ! » Pour la raison et pour la science émancipée, le mal des théologiens, c'est la faiblesse de la conscience, le sommeil du sens moral en puissance du *devenir* Hégelien.

Adam se cachant parmi les arbres du jardin, Caïn fuyant la face de l'Éternel, c'est la conscience qui ne sait pas encore résumer ce que doit être notre conduite pour la conformité et l'équilibre poursuivi par nos instincts, comme but de leur activité.

Toute la difficulté se résout donc dans l'éducation de la conscience perfectible, et dont les progrès dépendent de l'expérience et de l'observation sur l'homme collectif et privé.

La perfection idéale et abstraite dont la théologie fait tant de bruit, n'est que le produit anticipé de nos conclusions juridiques, et non une réalité objective. On le retrouve, ce produit, jusque dans cette éloquente confession de Saint-Augustin : « *Serò te amavi pulchritudo* ! Je t'ai aimée bien tard, beauté ancienne et nouvelle ! *tu étais en moi-même* ; moi, j'étais hors de moi, et je te cherchais hors de moi ! et me précipitant dans ces beautés créées par toi, j'y perdais ma propre beauté. Tu m'as appelé, tu as poussé des cris, tu as vaincu ma surdité, tu as brillé, tu as étincelé, tu as triomphé de mon aveuglement, tes parfums se sont fait sentir ; j'ai respiré et je respire pour toi, je t'ai goûtée, j'ai faim et soif de toi, je t'ai touchée et mon cœur ne veut plus que la stabilité qui est en toi !... » (Traduction de M. Gratry).

Avec cette perception de l'immanence de la conscience que nous constatons dans le principal apôtre de la grâce, nous pouvons négliger la valeur secondaire des sanctions cléricales qui sont puériles et niaises quand elles ne réussissent pas à être d'une cruauté odieuse. Mais il nous reste à constater la valeur que les théologiens libéraux accordent aujourd'hui au surnaturel et au miracle, pour mesurer la force de résistance et la prétendue immobilité des vérités de révélation.

D'abord, doit-on admettre le surnaturel avec le sens qu'on donne au *miracle* « suspension soudaine et momentanée des lois cosmiques faite en vue d'un cas particulier ? » La conscience, dit-on, n'est pour rien dans la solution de cette question, le surnaturel ne fait pas partie de la religion, par cette raison que la religion fait profession d'ignorance scientifique sur les modes d'action de Dieu, et dit humblement « *nec scio, nec scire volo,* » Elle ne sait pas si Dieu peut ou ne peut pas vouloir modifier ses lois ; le surnaturel ne lui serait pas impossible mais il ne lui est pas indispensable pour se produire au point de vue religieux. c'est donc l'affaire des savants de discuter le surnaturel.

Ceux qui croient en un Dieu distinct du monde qu'il a produit et qui ne veulent pas tomber dans le dualisme, sont tenus d'admettre que l'univers entier est une manifestation divine ; dans ce cas, la direction une fois imprimée il n'y a plus de place pour le miracle ; ce dernier ne serait qu'une râture dans l'œuvre, un *erratum* corrigé pour la table des matières. s'il est une intervention de Dieu dans les affaires humaines, c'est qu'il succède comme une reprise à un moment de non-intervention, à une relâche dans les représentations quotidiennes ; est-il orthodoxe d'admettre ce dilemme ?

Ce surnaturel, d'ailleurs, n'a jamais été prouvé autrement que par un témoignage également surnaturel, car l'inspiration des apôtres est un fait anormal. le surnaturel ne prouve pas directement la puissance de Dieu : Lazare est ressuscité, mais il n'a pas tardé à être repris par la mort ; et cette courte interruption dans la régularité de de la loi, ne fait pas, qu'avant ou après, cet auteur supposé de la loi ne soit également puissant : tout miracle est donc inopportun ou insignifiant.

Ce qui n'est plus, pour nous, que très naturel, serait pour nos premiers parents, reparaissant sur terre un surnaturel fort miraculeux, il n'y a aucun rapport logique entre un miracle et une vérité, pour appuyer celle-ci, il faut une série de rapports superposés. Archimède voulant éclairer sa théorie du levier et sa statique des liquides, ne se serait pas avisé de donner pour démonstration probatoire, la nourriture à cinq mille hommes avec cinq pains.

Plusieurs théologiens non libéraux, s'attaquent aux générations spontanées de MM. Pouchet, Joly, et autres, en soutenant qu'on ne saurait croire à Dieu si on les admet, attendu que la création est un fait surnaturel qu'il n'appartient pas à l'homme de reproduire.

Le libéralisme théologique répond à cela qu'une création spéciale et distincte pour chaque chose ou chaque être, ne paraît pas indispensable, rien ne répugnant à l'idée qu'une force, manifestée par les générations spontanées, ait été déposée dans la nature par un Dieu créateur, dont les habitudes de faire et les procédés ne nous sont pas connus.

Cette concession permet à M. Pasteur de vivre en paix avec M. Pouchet, et à M. Flourens de soutenir contre Darwin l'immutabilité de l'espèce, elle ne manque donc pas d'importance, son rationalisme, mitigé de théologie, permet d'espérer qu'on ne verra plus les persécutions s'étendre sur la science dont la libre expansion ne sera plus gênée par l'inquisition, mais il s'agissait dans ce chapitre des grosses menaces de l'enfer par le catéchisme et nous voulons croire aussi que les petits enfants n'en auront bientôt plus peur.

CHAPITRE VIII.

RÉSUMÉ ET CONCLUSIONS.

Il y a vingt-cinq ans, le problème qu'on posait dans l'école universitaire, c'était la définition d'une science dite philosophique, avec la séparation de la psychologie et de la physiologie.

Obtenir en Sorbonne ce résultat de la distinction métaphysique des deux sciences, remplissait de satisfaction des professeurs célèbres dont l'enseignement plus éclatant que solide fit trop longtemps illusion. Enfin, toutefois, le vide se fit autour de leurs chaires, ils professèrent dans une solitude officielle, et la jeunesse, entraînée vers les notions positives fournies par les sciences naturelles, abandonna la spéculation abstraite au profit des réalités scientifiques incessamment accumulées.

On proclamait en vain à la Sorbonne « que le monde, dans la variété si compliquée de ses phénomènes, reconnaît l'autorité des lois idéales, dont l'homme se donne à lui-même le si brillant spectacle, et que la dernière explication des choses n'est fournie que par la conscience ; » la jeunesse n'en resta pas moins fidèle à la patiente étude des sciences.

On vit même tomber dans un discrédit particulier le nom spécial de la métaphysique qui ne répond qu'à de vaines recherches, et on se demanda s'il n'était pas déraisonnable d'y chercher des solutions quelconques pour l'âme déjà inquiétée par les vagues déterminations du panthéisme, et peu satisfaite par la conception actuelle des lois positives.

Toutefois, le spiritualisme et la métaphysique se confondant comme doctrines, on a pu, en les unissant, doubler ses forces d'attaque contre le positivisme ; et pour mieux lutter contre ce dernier, on s'en rapprocha autant que la tactique le rendit possible.

Une vérité, dit-on, n'a rien à craindre d'une autre vérité ; les faits dont la valeur scientifique est acquise ne seront répudiés par aucune doctrine ; mais si la raison nous fait concevoir le principe de l'ordre dans son abstraction la plus sérieuse (ce que fait aussi l'expérience, au moyen de laquelle nous constatons l'ordre réalisé dans la nature), on sera obligé d'avouer que l'expérience et la raison peuvent vivre d'accord.

Le spiritualisme, se soutenant seulement par une polémique de mots, serait peut-être bien disposé à avouer, avec la science, que la dernière raison des choses recule sans cesse devant notre poursuite ; mais il croit de son honneur de ne pas abandonner la lutte.

Il nous voit avec dédain absorbés dans l'unique contemplation des lois naturelles dont le jeu éternel, multiple, entrecroisé et complexe, nous explique le spectacle varié du monde physique et moral, et il nous oppose des nouveaux philosophes qui traversent, pour accroître le trésor intime de leurs convictions et de leurs espérances, une série de méditations continues, s'efforçant de combler l'intervalle qui sépare la métaphysique religieuse de la philosophie sensualiste. — Ces neo-platoniciens (puisqu'il faut les appeler par leur nom), aimeront tellement la vérité, « qu'ils ne s'imagineront pas qu'elle puisse, à tout » jamais, fuir leur étreinte ; ils se croient faits pour elle » comme elle pour eux. »

Les idéalistes, toujours confiants, ne repousseront donc aucun genre de recherches, et s'ils consultent leur âme, ils consentiront aussi à consulter la géologie, et puis qu'ils contemplent l'ordre phénoménal, ils en étudieront l'harmonie aussi bien avec Lebnitz qu'avec Bernardin de Saint-Pierre. Malgré cela, ils professeront « que dans l'homme l'intelligence affranchit l'être ; » il n'y à plus de loi physique ou physiologique qui enchaîne la force dans les fatalités de la nature, il n'y a que « *la loi des âmes, l'esprit*, et les signes de l'ordre ne sont pas empreints plus profondément dans le monde qu'ils ne le sont dans la pensée de l'homme ; » c'est à l'encontre de ces enthousiastes de la méthode subjective, qu'est venue la philosophie positive, étudiant avec patience et sans parti pris les propriétés permanentes de la matière, imposant aux sciences une hiérarchie progressive, une systématisation régulière et logique, qui renferment dans un organisme intégral tous les phénomènes naturels, biologiques et sociaux sans cesse observés.

La science de l'éthique, qui nous propose, non les moyens d'une sage conduite, mais qui nous indique les conditions normales de la biologie morale, n'a pu supporter de démonstration qu'à partir du moment où la constitution de l'homme a été définitivement appréciée selon le sens des découvertes du docteur Gall.

Avant cet éminent physiologiste, les idées ou notions que nous avons sur la morale étaient confusément représentées par des abstractions nominales qui se sont transformées en réalités concrètes par la découverte empirique des facultés cérébrales primitives de l'homme et des animaux.

Il règne encore sur la modalité fonctionnelle des organes du cerveau une incertitude très-grande, en raison de l'infinie variété des phénomènes produits ; il en résulte une certaine perplexité sur la notion exacte de l'état normal qui doit servir à nous éclairer, pour la convenance ou la disconvenance des résultats fonctionnels. Mais les principes généraux de l'harmonie qui doit exister entre l'organe et la fonction, c'est-à-dire entre la cause et l'effet, sont désormais acquis à l'observation et à la pratique de la vie privée ou sociale.

Sans doute les simples méthodes d'indifférence mathématique ne sont pas applicables à la résultante cherchée dans les actes cérébraux, mais l'histoire dans sa synthèse, et l'examen individuel pour le détail, permettent de dégager les lois qui président à l'évolution spontanée de toutes nos facultés morales.

Résultant de l'expérience de la vie, la morale ne doit pas s'occuper de l'essence des choses. Ses difficultés sont d'application et non de préceptes. Les vicieuses habitudes de notre esprit, nos passions mal connues, les distractions exclusives, les préoccupations d'état, nous empêchent de régulariser systématiquement toutes les lois qui composent une conduite morale. Mais depuis Socrate, Platon et Aristote, tous les laïques ont professé des principes de morale spontanée, capables de satisfaire les époques contemporaines où ils ont vécu. La valeur de l'éthique est, en effet, au point de vue pratique, toujours relative au temps où elle est promulguée.

Les Stoïciens ont fixé la morale sur toutes les questions de liberté, de dignité, de justice et de vertu humaine.

Les Platoniciens des troisième et quatrième siècles, comme Plotin, Porphyre, Jamblique, Proclus et les docteurs chrétiens, sont plus imaginatifs et utopistes que sérieusement philosophes et moralistes.

Au sixième siècle, on vit reparaître le despotisme de l'école péripatéticienne que les Arabes au onzième siècle devaient exagérer encore, et l'Europe fut plongée dans le chaos de la scolatique dont les ténèbres durèrent jusqu'à la résurrection de la science par le dix-septième siècle, sous les premiers efforts de Grotius et de Bacon.

Au dix-huitième siècle, la doctrine utilitaire, égoïste et individuelle, prévalut entre les mains de Hobbes, Shaftesbury, Hutchinson. C'est seulement de nos jours que la morale, scientifiquement sortie de la biologie, formule et proclame une autonomie humaine, repoussant au nom de l'expérience, les préceptes de la raison pure aussi bien que les révélations surnaturelles avec les sanctions arbitraires d'un théocratisme suranné.

Les métaphysiciens veulent que le monde marche par le seul artifice de leur puissante *raison*, et protestent de leur côté, contre les anathèmes des cléricaux à l'endroit de notre autonomie morale ; notre raison, selon le catholicisme, est impuissante à nous instruire de ce qu'il nous faut et comme il le faut. Elle diminue, dans sa mollesse, les vérités qui la gênent ; il semblerait, à nous « voir parler et agir par notre seule raison, que nous » sommes, ici-bas, pour y vivre sans règle et y mourir » san s conséquence (*Mandement* 1865, Mgr. Darboy), » tandis qu'avec notre hautaine prétention de nous suffire » à nous-même, nous ne savons rien de précis sur notre » origine et notre destinée future, ce qui nous prive » d'une règle et d'un gouvernement. »

En quoi cette ignorance que le catholicisme ne dissipe pas, est-elle une entrave à la déontologie qui concerne la vie présente ? On n'a pas besoin d'être « un chercheur aventureux, pour obtenir de la science libératrice, des notions pratiques dans la conduite de cette vie. »

En vain l'aristocratie cléricale prétend que la femme, l'enfant, l'ouvrier, le laboureur, ne s'approcheront jamais de cette science, même insuffisante ; en vain cette aristocratie voudra désormais remplacer la science « pour cet » homme du peuple glacé par la pluie, brûlé par le so- » leil, courbé toute sa vie sous un dur travail, souffrant » dans ses membres exténués de fatigue, dans son âme où » le découragement habite, dans ses enfants dont l'avenir » l'inquiète, dans sa femme qu'il avait choisie pour lui » donner une part de ses joies et de son bonheur, et qu'il » est contraint d'associer aujourd'hui à ses travaux et à » ses angoisses. » (Darboy, ibidem.)

Cet homme du peuple sait à quoi s'en tenir sur le mérite de ses consolateurs et sur leurs théories providentielles, touchant la souffrance et la pauvreté, et ce n'est pas ce *glacé*, ce *brûlé*, ce *courbé* qui refusera les bienfaits de la science, dans la morale positive comme dans l'économie politique.

Et même « cette jeune chrétienne des ateliers, que les » suggestions de la misère, l'entraînement des grandes » villes et les orages d'un cœur de seize ans, ne parvien- » nent pas à faire sortir de l'innocence et de la dignité » morale où l'a placée sa première communion, » cette jeune fille appartenant à sa raison même incroyante peut encore, avec sa conscience, sa prudence, l'amour filial qui la retient au foyer et la pudeur des chastes affections, triompher tout aussi sûrement qu'avec l'obscur point d'appui du confessionnal, « des entraînements de son cœur de seize ans ! »

A ces défections modernes qui ont détaché du catholicisme et de la papauté, c'est-à-dire de l'arbitraire et du despotisme, l'Angleterre, la Hollande, la Prusse, le Danemark, la Suède, la Norvège, la moitié de la Suisse et de l'Allemagne, il faut des causes ! A l'apparition successive de ces schismes et de ces hérésies dont les sectes et sous-sectes, depuis les antitrinitaires, les millenaires, les ariens et les pelasgiens, jusqu'aux protestants et aux jansénistes, forment, selon la récapitulation de l'abbé Bergier, un total de 238 bataillons revoltés, il faut des motifs ! — Ils sont dans l'ascendant croissant d'une raison libre qui élimine, pour la vraie notion des choses, les hypothèses et les fins transcendantes, remplacées par les lois régulières, nécessaires et progressives que l'expérience et l'observation seules découvrent et inscrivent sur le livre de la vérité. Ni la morale, ni l'histoire dans son organisme, n'ont à invoquer, pour expliquer les grands hommes, ces êtres providentiels qui, sous le nom de héros, sont donnés à la multitude afin de lui imposer une honteuse soumission. — Leur mission héroïque si difficile à déterminer *a priori*, n'est-elle pas contrariée *a posteriori* par des événements également providentiels ; car, sous ce rapport, le passage du Rubicon est sur la même ligne que le coup de poignard de Brutus, les deux faits devant être dans la même main.

Pourquoi, d'ailleurs, ce pouvoir protecteur, qui ne doit amais s'endormir, sous peine de nous rendre indépendants dans les faits qu'il prétend diriger, pourquoi ne susciterait-il que d'une manière intermittente ou périodique, des sauveurs miraculeux qui ne donnent aucun gage de leur mandat, et sont, par leurs infirmités évidentes au niveau de leurs semblables quand ils ne sont pas au-dessous, par leurs funestes passions !

Mais la décadence du régime subjectif ou théocratique fera évanouir cette apparition des grands hommes providentiels, inventés par les théories abstraites au profit du despotisme et de l'aristocratie gouvernementale. La philosophie positive seule saura tenir compte aux vrais serviteurs de l'humanité des bienfaits scientifiques faciles à constater et pour lesquels leurs promoteurs supportent la souffrance et la persécution, au lieu d'exiger par avance la fortune et les adulations de la multitude si souvent trompée.

Quel signe plus éclatant de la déchéance du régime de la transcendance spiritualiste, que les discussions sur le pouvoir papal, parcourant librement l'Europe et le mettant à ce point en question, qu'il lui faut l'appui d'une garnison étrangère pour ne pas succomber tout à fait ! Voici un tribun traquée par la police, un fier démocrate dont la tête est mise à prix et qui cependant inonde de ses proclamations sa chère Italie.

Il oppose à la tristesse silencieuse, au dédain et à l'humiliante soumission des rétrogrades sous la parole anathématique du Vatican, le fier *credo* de la pensée moderne, qui met toutes ses espérances dans l'abandon définitif de la doctrine théologique.

« A partir d'Innocent III, dit Mazzini à Pie IX, la reli-
» gion n'est plus avec vous, l'art est nôtre. Le progrès
» dans l'intelligence et dans la pure adoration de Dieu
» est notre. »

« Contrairement à vos affirmations, en dépit des sen-
» tences de vos inquisiteurs ; nous avons découvert la
» gravitation des astres, les époques de la terre anté-
» rieure aux jours bibliques, l'unité de la loi, la chaine
» qui relie les temps et les races. Sans vous et malgré
» vous les fils de la Révolution ont combattu le mahomé-
» tisme en Europe et délivré la Grèce. Ils émancipent
» aujourd'hui les noirs d'Amérique. Les martyrs du devoir
» sont dans les rangs de ceux que vous appelez incrédules,
» les consolations du pauvre sont parmi ceux que vous
» réprouvez ; quant à vous, il ne vous reste plus rien à
» faire, ici bas, qu'à lamenter, mendier et maudire ! »
Cela est juste, mais la philosophie positive, sans être aussi dure dans ses récriminations est encore plus radicale dans ses principes : Elle ne professe aucune adoration pure de Dieu, dont elle ne réinstalle pas dans l'humanité le perni-

cieux ontologisme, sur les traces d'un théocratisme aussi habile que celui qui va terminer sa carrière sous nos yeux.

De plus, au lieu de médire dans le passé d'une doctrine qui fut utile à son heure, la philosophie positive déclare que le Catholicisme fût, un moment, le foyer des lumières morales et intellectuelles qui se répandit sur le monde,— aucun théologisme ne fut plus savant et plus complet que le sien ; et s'il n'était pas également téméraire, au point de vue positif, de nier ou d'affirmer la divinité et ses sanctions, le sacerdoce chrétien eût mérité de servir de conseiller à l'humanité, dans ses débuts, et pour l'époque de transition à laquelle il s'adapta, dans l'évolution humanitaire.

Mais aujourd'hui, et en dehors des excès qui en signalent les prétentions, il n'y plus de place pour aucun élément surnaturel ;— toute théologie sacerdotale contient, d'ailleurs, des orthodoxes et des hérétiques et cette division qui jadis n'intéressait que le détail ou la forme des religions, s'adresse maintenant à leur essence fondamentale.

C'est l'aveu que le protestantisme actuel vient de faire, en France, par l'organe de M. Guizot envoyant aux libéraux de son parti, tout prêts à nier les miracles, ce timide argument « qui dira que Dieu ne peut pas modi-
» fier et ne modifie jamais selon ses desseins dans l'ordre
» moral et sur l'homme, les lois qu'il a instituées, et
» qu'il maintient dans l'ordre matériel de la nature ?
» (Méditation, 1865). »

Il est donc temps de se décider, (tout en respectant le concept intellectuel et sentimental de la divinité chez ceux qui ne l'appliquent pas à la direction sociale ou privée de l'homme,— il est temps d'éloigner de la science le surnaturel et l'absolu dans toutes les catégories où ils se glissent.

Toute religion est une symbolique de la conscience plus ou moins éclairée, une mythologie du droit, une figure poétique de la justice ; et à ce titre, toutes les religions ont logiquement précédé nos conquêtes réelles dans la justice, dont la spontanéité et l'autonomie ne peuvent revêtir de suite, les formules pratiques fournies par l'expérience humaine.

Qu'est-ce que le temporel opposé au spirituel dans les fastidieuses et hypocrites disputes de ce temps ? le spirituel c'est le régime de la conscience, l'organisme systèmatique des droits et des devoirs dont le clergé ou l'université pourraient encore être chargés, si le premier renonçait (chose impossible) à ses miracles et à ses interventions divines, si la seconde renonçait à ses entités métaphysiques, et si chacun voulait bien restreindre son office à la vulgarisation seule des données de la science physique et biologique.

Le temporel, c'est le travail, le commerce, l'administration de la fortune publique, l'ensemble hiérarchique de tous ceux qui concourent à l'ordre matériel, à la police et à l'hygiène éditaire et autre.

Pouvoirs connexes et solidaires, ils reproduisent par leur réunion, l'esprit de famille et le sens social, cette double fonction de l'individu privé et public : le seul besoin de la dialectique et de la théorie les a supposés séparés dans leur efficacité spéciale, car jamais on ne gouvernera des intelligences sans corps ou des corps sans intelligence ; mais ce n'est là qu'une question de logique, et non de réalité pratique.

L'histoire nous montre qu'en tant que pouvoirs, ils furent confondus socialement en un seul organe jusqu'à l'époque de César qui lui-même fut un instant pontife et prétorien, avant de se fixer définitivement dans ce dernier rôle. Dans l'innovation politique de César, le pouvoir spirituel de son époque s'évanouit, parce qu'il avait besoin d'être renouvelé, mais il reparait spontanément dans le christianisme destiné à combattre le césarisme aussi bien que tout autre pouvoir temporel, parce que la destination fondamentale et harmonique d'un double office dynamique, n'est pas encore comprise, même de nos jours, en sociologie.

Toute la question se réduit à attribuer spécialement au pouvoir spirituel et au pouvoir temporel la seule influence qui convienne à chacun d'eux dans l'économie sociale ; réserver à l'un le conseil, la conservation des doctrines, la direction théorique, et à l'autre l'exécution pratique, l'activité matérielle et l'efficacité administrative.

Pour tout cela, rien n'indique une provenance différente, ils sont tous deux l'émanation logique de notre spontanéité, il n'y a rien de surnaturel à invoquer pour l'un plus que pour l'autre, ni pour aucun des deux.

1° Dans le premier chapitre de ce travail, nous avons voulu montrer que la théologie, sans aucune notion exacte sur la constitution biologique de l'homme, s'était arrogé le droit de dogmatiser toute la morale ; et de formuler avec monopole, des prescriptions dont l'objet comme le sujet lui sont également inconnus.

Toutefois, comprenant le danger de contester, en ce temps-ci, l'importance de la méthode expérimentale, les théologiens donnent pour témoignage des concessions qu'ils lui font, un tableau des divers systèmes de morale, empruntés, disent-ils, aux faits observés dans le sujet humain, et par conséquent aux procédés rationnels que nous soutenons ; mais leur construction ne sort pas des entraves de la métaphysique et ils finissent en avouant qu'après avoir tourné ainsi autour de la révélation avec le désir plus ou moins sincère de trouver, sans elle, la vraie morale, ils sont forcés d'y revenir et de reconnaître que la science leur a fait perdre du temps et une chance de plus au paradis.

La prétendue méthode exacte des théologiens, c'est l'adoption de l'idéal platonicien, de cet *à priori* contenant les catégories essentielles du beau, du bien et du vrai, lesquelles ayant toujours dominé l'humanité attestent par là leur authenticité ; mais, en même temps que la théologie reconnait cette immanence des idées morales, elle affirme qu'elles sont insuffisantes pour la réalité pratique si elles ne sont pas appuyées par des prescriptions révélées, ce qui, en effet, les réduit à néant, tout en les supposant réelles *à priori*.

L'homme, dit-on, est à même de reconnaître avec sa conscience les dictées de la raison pure. Oui, avoue la théologie, cette *raison* pure existe, mais à côté d'elle, aussi, existe l'*instinct* disposé à se révolter contre elle ; qui donc l'emportera? qui posera le droit? sinon un verbe impératif, avec ses kirielles de sanctions par le ciel et l'enfer !

Quant à l'homme, sujet de la morale, les théologiens en décrivent l'organisme physiologique avec une confusion étrange qui mériterait le dédain si elle n'était pas si gravement intentionnelle de leur part ; pour eux, partant et toujours, l'âme et le corps, l'esprit et la matière, bien qu'opposés constamment, et par leur essence et par leurs attributs, se pénètrent, s'unissent et se fusionnent de façon à former tout l'homme indivisément. L'âme est cependant le théâtre de trois opérations qui se rapportent à la sensibilité, à l'intelligence et à la volonté. Si la présence du corps et des corps est indispensable pour les opérations de la sensibilité, il n'en est plus de même déjà pour les opérations de l'intelligence que la théologie fait dériver de l'âme seule, et pour lesquelles ni les sens ni la mémoire n'interviennent. Bossuet (*Suprà*).

En revanche, la volonté plus ou moins étonnée de faire partie des opérations intellectuelles, subit cette annexion qui réunit *le bien raisonner au bien vouloir*, c'est-à-dire l'âme au corps (Bossuet).

Descartes, Mallebranche, Lebnitz et autres philosophes déistes sont restés étrangers à cette doctrine exclusivement théologique de l'union directement substantielle de l'âme et du corps.

Les passions sont des mouvements de l'âme, s'unissant ou se séparant des objets, en raison des appels ou aversions qu'elle ressent. La physiolgie des théologiens compte ainsi seize mouvements qui forment l'arsenal offensif ou défensif pour fuir le vice et conquérir la vertu.

Les passions nous empêchent simplement de bien raisonner. Or, bien entendre et bien vouloir sont identiques, une raison qui obéit aux sens ou à l'imagination, n'est plus qu'une raison corrompue, nous dit Bossuet, (sans ajouter ce qu'il faut faire de cette corruption); l'âme ne peut que bien prescrire; si donc il y a dans l'homme faute, erreur, ou vice ; la faute en est au corps qui n'est pas sain, et sa responsabilité remonte haut et loin ; les théologiens catholiques ont tiré de cette biologie toute leur morale. Mais, cette biologie étant hypothétique, arbitraire, subjective et erronnée, l'éthique consécutive ne pouvait manquer d'être insuffisante et injustement dogmatisée.

2° Dans le deuxième chapitre, nous examinons ce que la métaphysique, branche détachée de la théologie, ajoute et propose pour l'explication de la nature de l'homme. Les métaphysiciens affirment d'abord la dualité de cette nature d'après le consentement universel des peuples et des religions. — *Matière* et *vie* sont deux réalités dont la distinction est attestée par l'intervention de la mort. La notion des causes secondes ne comporte pas autant de certitude que la notion de la cause première représentée par le sens intime ou la conscience, « le *moi* qui connaît étant encore le *moi* qui est connu et l'homme par son moi-conscience atteignant la raison suffisante du phénomène cherché (Jouffroy).

De là, deux sciences, la psycologie et la physiologie, la première bien plus savante que la seconde, et seule capable de définir l'âme et de déterminer le nombre et la puissance de ses facultés.

Elle enseigne cette psycologie, donc, que l'âme est une substance immatérielle, douée comme ci-dessus, de sensibilité, d'entendement et de volonté, et elle stipule ainsi des attributs pour des organismes abstraits, des fonctions là où elle ne distingue pas d'appareils spéciaux.

La prétention la plus singulière des métaphysiciens est de vouloir démontrer Dieu par la dialectique, alors que les théologiens qu'on devrait croire sur parole, proclament l'insuffisance de la raison non-seulement pour connaitre Dieu, mais pour le comprendre et lui obéir, triple résultat qu'on n'obtient qu'avec le secours de la révélation, des prescriptions, et des sanctions par le paradis ou l'enfer. — La prétention de la métaphysique est donc vigoureusement combattue par les théologiens, et ce conflit, un instant interrompu par le besoin d'union contre la science positive, ne cessera qu'au profit de cette science et de sa philosophie.—Enfin la métaphysique, qui dédaigne la physiologie biologique, ne craint pas, malgré cela, d'aborder d'autorité et par elle seule une exposition de la morale, comme l'avait fait la théodicée dite orthodoxe.

Elle dogmatise *à priori* sur les devoirs et les résume dans ce procédé irréprochable « mettre toujours la raison « au-dessus de la passion, » et cependant elle ignore ce que sont nos passions et comment elles se développent, s'exaltent, s'amoindrissent ou s'annihilent dans l'organisme cérébral.

3° Cette dépendance organique, ou mieux cette représentation de nos instincts et facultés par le cerveau, nous la montrons dans le troisième chapitre où la doctrine positive apparaît pour fixer, sur la notion statique des éléments du moral, la connaissance de leur état dynamique. L'impuissance manifeste de la métaphysique et de la théologie à fonder une physiologie rationnelle, motive l'intervention de la biologie positive qui ne fait appel à aucune force surnaturelle ou révélée, et qui ne sépare pas'non plus subjectivement l'âme et le corps, la psycologie et la physiologie.

Nous montrons que l'innéité cérébrale des facultés n'implique ni fatalisme ni absorption du libre arbitre. Le fatalisme et le libre arbitre ne sont, d'ailleurs, aucunement expliqués ou déterminés par les doctrines soit théologiques, soit métaphysiques, tandis que l'innéité cérébrale détruit utilement toutes les créations ontologiques appelées, *vertu, raison, jugement*, au profit des résultats concrets de l'observation sur nos semblables et sur les animaux, qu'il ne faut jamais séparer d'aucune étude biologique.— Dans sa conception doctrinale, l'illustre Gall est resté fidèle, autant que possible, aux méthodes d'expérimentation, d'observation et de déduction logique qu'il s'était imposées. C'est ce que nous avons cherché à prouver avant de conclure que la morale avait dans l'autonomie de l'homme une base incontestable et suffisante en sociologie.

4° Dans le quatrième chapitre, nous rappelons les préceptes et maximes philosophiques de l'antiquité pour faire voir que la morale doit être non-seulement en dehors de la religion, mais qu'elle est susceptible d'acquérir une valeur pratique, d'autant plus grande qu'on l'isole davantage des sanctions théocratiques.

L'idéal du beau, du bien et du vrai, intronisé par les platoniciens, n'eut jamais sur la vie publique ou privée des anciens l'influence dogmatique qu'une autorité sacerdotale accaparante aurait pu seule lui communiquer. Cet idéal ancien de la conscience ne reconnaissait pas la sanction rémunératrice ou vengeresse d'une divinité de dernier ressort, et il laissait par conséquent à la conduite humaine le sceptre de l'autonomie. Dieu ou les dieux étaient témoins ou juges bénévoles des actions humaines, et personne n'eut osé, dans l'antiquité, stipuler en leur nom les conditions explicites et à *priori* qu'ils imposaient à la liberté.

Aristote entrevit la biologie positive par sa théorie dualiste *du plus* ou *du moins*, pour constituer entre ces deux extrêmes l'évolution normale de nos instincts, mais le point de départ statique, c'est-à-dire cérébral, lui étant inconnu, il n'en put faire sortir une éthique rationnelle et il resta dans la métaphysique, c'est-à-dire dans l'abstraction.

L'honneur incontestable qui revient aux anciens dans l'établissement des règles de la morale privée, n'empêche pas d'avouer l'insuffisance sociale de leur doctrine éthique. Cette insuffisance résultait, d'ailleurs, de l'absence des acquisitions générales dans les sciences exactes destinées à procurer tant de sécurités, tant d'indépendance et un si réel progrès matériel et moral à toute l'humanité.

5° Nous distinguons dans le cinquième chapitre plusieurs divisions systématiques de la morale, selon les conditions imposées par les méthodes subjectives qui leur ont donné naissance.

La théologie et la métaphysique comptent ainsi plusieurs systèmes, où, tantôt la révélation, tantôt la raison pure, servent de critérium aux préceptes et aux formules d'une éthique dès lors privée de base scientifique.

Dans la morale chrétienne, le dogme de la déchéance et

celui de la grâce jouent un rôle désastreux, avec leurs interventions permanentes si indiscrètes et si gênantes, de pardon ou de colère divine, de rédemption ou de condamnation. Si encore, avec ces excessives précautions sanctionnelles, la morale catholique était moins négative sur tout ce qui intéresse l'homme social, notre critique serait atténuée, mais nous faisons voir l'ignorance réelle ou affectée des catholiques sur toutes les questions théoriques et pratiques où la destinée de l'homme est enfermée. Les doctrines catholiques sur les *biens*, les *personnes*, les pouvoirs politiques, la *propriété* et l'*éducation*, sont ou nulles ou rétrogrades, et ne peuvent fournir que des préceptes erronés, funestes ou incomplets, qui corrompent la dignité et le sens juridirique de l'homme par l'intimidation, le despotisme et la substitution d'une conscience collatérale et artificielle à la conscience autonomique et personnelle qui vit en nous.

6° C'est dans le sixième chapitre que nous étudions cette conscience comme loi-sanction de la morale, et nous prouvons que la science seule, par ses progrès, nous fournissant la garantie de nos divers besoins, élève successivement la morale, dans ses exigences, vers l'universalité théorique et pratique.

C'est ainsi que le droit pénal, échappant peu à peu à la minorité humaine qui l'imposait avec les subtilités de la métaphysique ou les artifices de la théocratie, est devenu, par ses transformations, un code de plus en plus conforme aux dictées de la conscience populaire, et que ses formules ont marché parallèlement avec l'émancipation de cette conscience en devenant plus humaines.

Voilà pourquoi nous sommes heureux et fiers d'avoir vu tomber le droit pénal fondé sur la vengeance, sur les peines du talion, sur les expiations religieuses, sur les tortures exemplaires et sur les supplices qui révoltent le sens de la sympathie, le tout au profit d'un système social de garantie et d'équilibre qui tend, de jour en jour, à remplacer les vieilles pénalités.

La théorie de J. de Maistre sur l'émanation juridique, passant de Dieu au roi et du roi au bourreau, est tombée devant la raison indignée qui comprend qu'aucune garantie n'est laissée à l'homme contre l'erreur ou la perversité des prétendus mandataires, et qu'aucune balance sensible ne peut alors rétablir l'harmonie des intérêts compromis, enfin qu'aucune satisfaction libre n'est fournie par la conscience à laquelle commande une autre conscience, métaphysique ou révélée.

Nous devons donc reconnaître que notre libre arbitre, notre sens juridique, alors même qu'ils n'auraient pas de représentation cérébrale localisée rigoureusement, ne sont pas des abstractions, mais que par le mot *conscience* nous devons entendre la synthèse, la résultante, la force neuve qui provient de nos facultés en exercice sur un ou plusieurs points, et qui se fait reconnaître dans ses conséquences simultanées.

De la sorte, on explique la lenteur avec laquelle la conscience s'éveille, se prononce et s'affirme dans les individus comme dans les collectivités sans cesse en progrès, et pourquoi ses formules varient selon le retard ou l'élévation relative des facultés complexes et des notions et acquisitions dont elle est l'expression et la mesure.

La société politique s'arroge le droit de présider à la distribution des peines, par les dogmes de l'expiation, de la rétribution et de la protection, parce qu'elle symbolise, à son heure, la conscience générale; mais elle ne peut ni ne doit immobiliser aucune délégation sociale, et il faut que, selon les vœux de la conscience publique, elle modifie successivement les formules de la pénalité : la peine de mort, en particulier, soulève désormais la raison morale et les instincts, et il nous paraît probable qu'elle disparaîtra prochainement comme les tortures, la *question*, les *marques* et l'apothéose d'un bourreau, délégué par le Dieu de J. de Maistre.

7° Dans le septième et dernier chapitre, nous nous occupons des sanctions proposées par les catéchismes pour l'éducation cléricale.

L'influence de cette éducation retentit assez longtemps sur les mœurs actuelles des adultes pour motiver la critique des procédés pédagogiques qui s'y rattachent.

Le système de la *grâce* opposée à la *concupiscence* fait que notre libre arbitre n'est, en religion, qu'une liberté d'indifférence ; de là un système de fatalité déplorable pour les destinées de la conscience, et nous protestons avec énergie contre un pareil résultat.

L'enfer et le paradis sont les deux tyrans qui oppriment notre liberté et notre honneur, à travers les dogmatisations si compliquées de la morale théocratique imposée à la jeunesse et même à la tendre enfance. On pourrait penser que la promesse du paradis ou l'intimidation par l'enfer rentrent simplement dans la catégorie des choses possibles ou virtuelles, mais nous montrons avec quelle précision cruellement explicite ou ridiculement encourageante, les cléricaux arrivent à stipuler les circonstances et conditions casuistiques, qui nous font mériter l'enfer ou le paradis.

La confession, cette torture de la conscience, cette humiliation de notre dignité, cette négation de notre autonomie morale, est l'entrave principale présentée par le dogme catholique.

La communion est un symbole de déïfication très-égoïste, dans lequel on pense moins aux qualités morales qui font partie de l'assimilation eucharistique, qu'aux avantages matériels promis à la transformation de l'individu rapproché du paradis. Enfin, les pratiques dévotes, les pénitences, tout suppose dans la discipline moins acceptée qu'imposée, d'un côté, l'autorité et l'arbitraire, de l'autre la servilité et la superstition.

Encore, si l'exposé dogmatique de ces exigences du catholicisme, conservait pour la jeunesse le respect de la forme ! Mais au point de vue grammatical, littéraire et logique, rien n'est plus défectueux que le style et la rédaction des livres et des catéchismes émanés des sacristies et des officines épiscopales. L'énumération des sept péchés capitaux est surtout vicieuse, en ce qu'elle fait prendre pour autant de réalités physiologiques, de simples attributs mal déterminés et plus ou moins normaux, qui dépendent de nos facultés primitives, mais ne sont pas l'expression explicite de ces facultés. La description de ces prétendus péchés capitaux est, d'ailleurs, immorale parce qu'elle anticipe, sans scrupule, sur des notions qu'il importe au plus haut degré d'épargner à l'innocence, à la pudeur, à la probité, ou à la dignité des jeunes sujets. Les renseignements complaisants qui concernent sous le titre de luxure, les conditions d'évolution de l'instinct sexuel, sont particulièrement déplorables ; et ceux qui se rapportent à la paresse, à l'orgueil, à l'envie, attestent une profonde ignorance de notre organisme instinctif, intellectuel et moral.

Par l'ensemble de ces chapitres, nous voulons signaler d'une part l'insuffisance et l'incompétence des doctrines subjectives, soit théocratiques, soit métaphysiques à l'édification de la science morale, et d'autre part, l'outrecuidance des formules et préceptes, qui, sans cesser de s'appuyer sur des hypothèses ou sur des abstractions, invoquent des sanctions d'une sévérité atroce, et s'opposent aux manifestations de notre autonomie.

Du reste, l'église déplore l'isolement qui se fait peu à peu autour d'elle. « Des tourbillons d'adversaires passent
» et repassent autour de nous, et chacun nous salue de
» ce cri : Vous êtes seuls dans la plaine, seuls dans le
» monde ! Vous couvrirez bientôt de vos corps votre dra-
» peau, et la croix, symbole de votre idée, sera à jamais
» cachée sous vos cadavres. (Abbé Isoard, *le Clergé et la
» Science moderne*). Cette église pouvait naguère encore
» dire à beaucoup de doctrines et d'écoles : Vous êtes à
» moi par tel endroit, vous vous reliez à mon action, vous
» dépendez de mon enseignement. Vous, parce que vous
» admettez un principe pensant, distinct du principe vital
» et organique ; vous, parce que vous affirmez Dieu et ses
» principaux attributs ; vous, parce que vous vous préoc-
» cupez de la destinée future de l'individu ; Dieu et la

» création, l'âme et le libre-arbitre, l'immortalité, et la
» part faite à chacun, selon ses œuvres, autant de points
» communs entre les chrétiens et les philosophes ! Mais les
» écoles actuellement florissantes ont tranché tous ces
» liens... Les efforts les plus recommandables des chré-
» tiens laissent presque tous à désirer en ceci : Qu'ils dé-
» noncent et flétrissent avec énergie les conséquences mo-
» rales des doctrines nouvelles, mais ils *n'atteignent pas*
» *les doctrines elles-mêmes*. OEuvres chrétiennes, écrites
» avec une hâte fiévreuse, où l'on cotoie les questions plutôt
» qu'on ne les aborde, où la raillerie se trouve substituée
« à une raison que le lecteur était en droit d'exiger, où
» enfin l'on essaie de cacher sous la forfanterie du lan-
» gage, la médiocrité de la preuve et la pauvreté du
» raisonnement : Voilà, s'écrie le directeur des Carmes,
» ce qu'il faut reconnaitre (*Ibidem*, p. 12). » Et après
avoir fait ces tristes découvertes parmi ses collègues, il
ajoute que, pour la lutte qu'il a à soutenir contre l'erreur
et le blasphème, il trouve le clergé « bien faible en érudi-
» tion et en position scientifique et manquant de méthode
» sinon d'arguments, contre la critique anti-chrétienne. »

Toutefois, on espère qu'après la nouveauté des formes
de l'attaque, après la surprise causée par une manœuvre
inattendue (la manœuvre scientifique), après la lumière
qui se fait peu à peu sur les procédés d'investigation et
d'exposition, le clergé pourra changer d'attitude et reprendre l'offensive, montrant comment l'humanité allant
par les cercles décrits par Vico, traverse les mêmes
systèmes qui se suivent, brillent et s'effacent dans le même
ordre, et comment certains bons penchants permanents et

irrésistibles s'accusent dans tous les temps (empressement de la foule anx offices), et apportent contre les mauvaises doctrines, leurs preuves en faveur de la vérité.

Ce n'est point chose récente, dit-on, que cette hostilité des sciences positives contre la foi chrétienne, mais « entre
» le passé et le présent, il y a cette différence que ce qui
» se disait autrefois à l'Institut, se répète dans les ateliers (*idem*, p. 58). Un aveu pareil méritait d'être consigné, toutefois, le clergé aspirant à faire de la science pour son compte, afin de conjurer le danger qui le presse, n'arrivera qu'à se convaincre de son impuissance : S'il la fait bonne, cette science, il sera bientôt réuni à ses adversaires, et s'il la fait mauvaise, comme cela est possible, il ne recrutera plus personne.

« Interrogez maintenant les curés des paroisses que
» l'influence de l'esprit moderne semble avoir le plus res-
» pectées, en certains cantons de la Vendée, dans les coins
» les plus reculés du pays Aveyronnois ou même du pays
» Basque, en est-il un seul.... un seul de ces curés
» (*idem*, p. 63), qui ne laisse échapper un *soupir* en
» comparant les divers états de sa paroisse, il y a vingt
» ans, il y a dix ans et cette même année 1864 ? Quelle
» est la cause de ce soupir ? C'est que sa paroisse perd
» chaque année quelqu'un des caractères qui la séparaient
» des paroisses de Paris ou de la Banlieue. »

Il est donc bien avéré, *habemus reum confitentem*, que l'esprit de la science ou de la perdition a soufflé à travers les campagnes, et les curés en perdraient la tête si à côté de la science incroyante, il n'y avait pas la raison assistée, et les pères de la foi !

Mais alors pourquoi ces cris d'alarme ? Pourquoi ces inquiétudes et ces aveux compromettants ? Voici le doyen de la faculté de théologie de Paris, qui déclare que la consécration de l'église métropolitaine, 4 juin 1864, « se fait
» au milieu d'un mouvement hostile à la foi et mena-
» çant pour l'Église.... Qu'une science qui se croit pro-
» fonde et exacte conteste tout l'ordre surnaturel... Il est
» vrai que ces philosophes ennemis ne verront le *tout de*
» *rien*, et que moins logiciens que Kant, moins pénétrans
» que Schelling, moins hardis que Hegel, ils n'obtiendront
» que des résultats spéculatifs, exclusifs et partiels, etc... »
Sans doute, s'ils devaient continuer simplement l'œuvre métaphysique de l'école dont il s'agit ; mais la science et la philosophie positives n'en ont garde, et elles laisseront le clergé se contredire dans ses terreurs et ses espérances, qu'il alterne comme pour attester sa pénible situation.

Il peut croire même, d'après les signes du temps, à la venue de l'ante-christ : « *Erit enim tùm tribulatio ma-*
» *gna, qualis non fuit ab initio mundi, usquè modo,*
» *neque fiet,* » il peut s'écrier avec Mgr de Ségur (p. 134, *de la Révolution*, etc.,) « que cet anté-christ sera grand
» prêtre comme Caïphe, César universel et bourreau,
» comme Néron et autres empereurs païens ; hérésiarque
» comme Arius, Nestorius, Manès, Pelasge, Luther et
» Calvin ; dévastateur comme Mahomet, etc., etc... Mais
» que son règne ne durera que trois ans et demie au plus. »

Nous pensons que son règne sera plus long que ne le suppose Mgr de Ségur, s'appuyant sur les évangiles de St.-Mathieu XXIV, de St.-Marc et de St-Luc, chap. 13

et chap. 21, et sur l'apocalypse de St.-Jean, du sixième au vingtième chapitres. En effet, ce règne sera celui de la science, de la raison et de la liberté, alors viendra la consommation du passé, « *tunc veniet consommatio.* » La philosophie ne se contentera plus de jouer autour du cœur pour n'y entrer jamais, « *circùm precordia ludere,* » comme dit J. de Maistre ; elle envahira la place, elle se substituera à la révélation, elle officiera pour l'église, elle rendra à l'homme sa dignité et sa conscience confisquées par le clergé depuis tant de siècles ! Alors la justice ne sera plus alors une puissance extérieure à l'humanité ; l'homme repoussera la grâce comme il dédaigne le favoritisme laïque. Désormais, le devoir n'est plus un assujettissement par la loi, la richesse n'est pas un prêt de la providence, la pauvreté n'est, pas plus que le travail, une divine punition. Notre liberté n'est plus une révolte mystérieuse, et la morale ne venant point d'une révélation expresse, nous appartient comme le produit net de nos fonctions à l'état harmonique. L'homme qui a soumis la terre, soumettra l'idéal aux proportions inoffensives qui conviennent à sa destinée.

Il sait que ce qu'il peut connaître est borné par ce qu'il doit ignorer ; c'est sur la limite de l'un et de l'autre que les sciences se heurtent avec les religions : Est-ce pour se réconcilier ? Non ! Parce que l'inconnu dans les religions se transforme avec une rapide audace en formules révélées qui couvrent le monde de despotisme par leurs téméraires applications, tandis que l'inconnu est pour les sciences une limite qu'elles ne veulent pas franchir, dès que cet inconnu appartient à l'idéal et à l'absolu. Avec cette réserve, elles épargnent à l'homme les déceptions et les mécomptes, les trahisons du cœur et de l'esprit.

Ce serait un contre sens de la part de la science positive, que de capituler avec la doctrine des *causes finales* ; puisque, dès le principe de ses efforts, cette science a déclaré qu'elle repoussait toute hypothèse sans vérification ultérieure, toute finalité sans conclusion expérimentale : En dépit des séductions qui l'y poussent, elle ne consentira pas même à faire servir ses acquisitions actuelles à la construction d'une autre science *idéale* qui, sous le prétexte de réaliser l'absolu selon l'image du monde extérieur, aurait encore les pieds ici-bas, et la tête dans les nuages.

FIN.

TABLE.

	PAGES.
Dédicace	1
Préface	5
Chapitre I. — Doctrine Théologique sur le Moral humain.	15
Chapitre II. — Doctrine Métaphysique sur le Moral humain.	51
Chapitre III. — Doctrine Positive.	81
Chapitre IV. — Morale de l'Antiquité	123
Chapitre V. — Morale Moderne	143
Chapitre VI — Droit de Punir	165
Chapitre VII. — Sanctions des Catéchismes dans l'Éducation Cléricale.	195
Chapitre VIII. — Résumé et Conclusion. . .	229

ERRATA :

Page 52, ligne 6 : Métaphysica au lieu de Métaphisica.
» 69, » 17 : Hobbes au lieu de Hobles.
» 71, » 5 : Leipzig au lieu de Leipsik.
» 84, » 22 : Mettez Trahit devant Sua quemque.
» 85, » 19 : Locke au lieu de Looke.
» 99, » 13 : Extra-craniens au lieu de Extra Craniciens.
» 126, » 17 : Enfance au lieu de Enfante.
» 134, » 29 : Vocables au lieu de Vocales.
» 144, » 10 : Jehovah au lieu de Jevohah.
» 149 » 3 : Supprimez les guillemets à partir de : ont immobilisé.
» 233, » 16 : Scolastique au lieu de Scolatique.
» 236, » 11 : Jamais au lieu de amais ;
» 242, » 4 : Partout au lieu de Partant.

DU MÊME AUTEUR.

1° Causeries Médicales avec mon Client,
    Paris.—1 vol. in-18° —G^r.-Baillière, 1853 (épuisé) 4 fr.
2° Maladies du Caractère (Hygiène Morale et Philosophie),
    Paris.— 1 vol. in-18°. — G^r.-Baillière, 1858. . 3 50
3° Principes d'Éducation positive.
    Paris.— 1 vol. in-18°. — G^r.-Baillière, 1863. . 3 50

www.ingramcontent.com/pod-product-compliance
Lightning Source LLC
Chambersburg PA
CBHW070633170426
43200CB00010B/2003